Viola Gräfin von Bethusy-Huc

Lebensgitter

Viola Gräfin von Bethusy-Huc

Lebensgitter

Einblicke in ein Leben

sonderpunkt
verlag

Zeitzeugen

4

für Britta

Bibliografische Information der Deutschen Nationalbibliothek

Die Deutsche Nationalbibliothek verzeichnet diese Publikation in der Deutschen Nationalbibliografie; detaillierte bibliografische Daten sind im Internet unter http://dnb.d-nb.de abrufbar.

ISBN: 978-3-938329-62-7

Marianne Evrard & Julia Kisker GbR
Langemarckstraße 18
D–48147 Münster
Tel.: +49-(0)-251-29 39 57
Fax: +49-(0)-2571-99 27 36
E-Mail: info@sonderpunkt-verlag.de
Internet: www.sonderpunkt-verlag.de
Druck: DIP Digital Print, Witten

Einleitung

Niemand von uns kann seine Lebensumstände beliebig verändern, aber jeder von uns ist frei, die Begrenzungen seines Lebens zu erkennen und seinen selbstbestimmten Freiraum zu vergrößern.

Der *Käfig* steht im vorliegenden Buch als Metapher für die Begrenztheit und Unfreiheit, die die Autorin in vielen Situationen ihres Lebens fühlte oder in der sie sich zu befinden glaubte. Die meisten ihrer Handlungen waren bewusste oder unbewusste Versuche, ihrem *Käfig* immer wieder aufs Neue zu entkommen. Dabei handelte es sich sozusagen um einen *virtuellen Käfig*, im Unterschied zu einem *realen Käfig*, in dem beispielsweise ihre beiden Wellensittiche „Max“ und „Moritz“ leben.

Sicher, den beiden Vögeln ist nicht klar, dass der *Käfig*, in dem sie leben, die Möglichkeiten ihres Lebens einschränkt. Er ist groß genug, sodass sie zumindest ein wenig fliegen können und da die beiden Vögel nie längere Strecken geflogen sind, fehlt ihnen dies auch nicht. Den Wellensittichen bietet ihr *Käfig* außerdem eine gewisse Sicherheit. Selbst für die Katze, die vor ein paar Wochen zu Besuch kam und die beide Vögel zu gerne gefressen hätte, war der Vogel*käfig* unüberwindbar; er war also ein Schutz für Max und Moritz. Und auch das Türchen, das an diesem *Käfig* genauso wenig fehlt wie an anderen real existierenden *Käfigen*, ist nicht unwichtig, weil die Vögel durch diese Tür nicht nur ihr Futter, sondern auch ihre Liebkosungen bekommen, auf die sie fast so sehr warten wie auf ihr Futter.

Anders sieht es im Fall eines *virtuellen Käfigs* aus, in dem Menschen aufgrund ihrer eigenen – beispielsweise körperlichen – Begrenztheit oder durch Grenzen, die ihnen andere Menschen setzen, gefangen sind. Zwar existiert dieser *Käfig* nur in der Vorstellung des Menschen, dessen Handlungsfreiheit wird aber dennoch durch ihn eingeschränkt.

Es ist nun aber schwierig, die Frage zu beantworten, was ein *virtueller Käfig* ist, weil er sich in jedem Einzelfall anders darstellt. Einmal kann er als „*goldener Käfig*“ in Erscheinung treten, dann nämlich, wenn er beispielsweise durch Regeln gekennzeichnet ist, denen bestimmte Menschen zu gehorchen haben und die nur für diese in ihrer speziellen Lebenssituation gelten, während die Umwelt deren Lebenssituation eben nicht als *Käfig*, sie womöglich sogar als erstrebenswert wahrnimmt.

Zweitens können als *virtuelle Käfige* die Handlungsgrenzen angesehen werden, die sich allgemein aus den Konventionen und Regeln einer Gesellschaft ergeben und die eingehalten werden müssen, selbst wenn sie dem Einzelnen im Grunde gegen den Strich gehen.

Schließlich kann drittens der *virtuelle Käfig*, in dem sich ein Mensch gefangen fühlt, auch durch eine körperliche Beeinträchtigung eingeschränkt sein. Man kann ihn dann mit dem außerordentlich engen Kokon eines Insekts vergleichen, in dem sich dieses kaum bewegen kann. Hier hebt sich der Gegensatz von *Virtualität* und *Realität* praktisch auf, weil der körperliche Verfall nun einmal eine Realität ist.

Nun, wie der *virtuelle Käfig* im Einzelnen auch ausgestaltet sein mag, er ist zwar nicht sichtbar, er ist aber genauso wirksam wie ein wirklich existierender *Käfig*, also zum Beispiel unser Vogel*käfig*. Diejenigen, die *virtuelle Käfige* spüren, versuchen alles, was in ihrer Macht steht, um zumindest das

*Käfig*gitter auszuweiten, damit der *Käfig* insgesamt größer und durchlässiger wird.

Warum spürt aber der eine Mensch seinen *virtuellen Käfig* deutlicher als jemand anderes? Der wichtigste Grund scheint im Grad der Zufriedenheit des Einzelnen mit seinen Lebensumständen zu liegen. Wenn er mit ihnen weitgehend einverstanden ist, wird er nämlich nicht versuchen, sie zu ändern, d. h. aber auch, er wird seinen *virtuellen Käfig* einfach nicht wahrnehmen. Diejenigen Menschen aber, die den *virtuellen Käfig* deutlich und als ihre Freiheit einschränkend empfinden, werden bewusst oder unbewusst versuchen, aus ihm auszubrechen, was ihnen nur hinsichtlich der

Art des *Käfigs*, nicht aber hinsichtlich ihrer eigenen Begrenztheit überhaupt gelingen kann. Unter Umständen bedeutet dies sogar, dass sie in neuen Handlungsfeldern ihre Grenzen umso deutlicher spüren. Sie werden aber zumindest versuchen, mehr Freiheiten für sich zu erreichen. Allerdings kann – beispielsweise – der Jugendliche, der glaubt mehr Freiheiten zu haben, wenn er sein Elternhaus verlässt, um sich dann einer Jugendgruppe anzuschließen, keineswegs die so sehr erhoffte Freiheit genießen. Er ist dann zwar der elterlichen Knute entronnen, aber nur, um andere Zwänge, aber eben auch wieder Zwänge, zu erleben. Letztlich wechselt er nur von einem *virtuellen Käfig* in einen anderen.

Der Mensch befindet sich also immer in einem ihm mehr oder weniger bewussten *Käfig*, der sowohl im Beruflichen als auch im Privatleben auftreten kann. Die Befreiung aus ihm ist schwierig, weil sie voraussetzt, dass man sich den Zwängen, denen man sich ausgesetzt fühlt, real oder/und gedanklich widersetzt, um dann im Idealfall einen Erlebniszustand jenseits aller *wirklichen* und *virtuellen Käfige* zu erreichen.

Der goldene Käfig

Ja, es war ein großer und großzügig angelegter Ort mit vielen Zimmern und Treppen, auf deren Geländern es sich trefflich rutschen ließ. Außerdem gab es einen Park, der Schauplatz vieler unserer Spiele war. Als ich etwa acht Jahre alt war, kamen meine beiden älteren Schwestern und ich nach Niederschlesien, weil meine Mutter dort den Besitzer eines großen Guts geheiratet hatte, nachdem mein Vater gestorben war. Bis dahin hatten wir in Oberschlesien gewohnt. Doch nun waren wir in Niederschlesien gelandet und zwar in der Nähe von Breslau.

Das Leben dort war nicht zu vergleichen mit dem Leben in dem nun versunkenen

Paradies unserer Kindertage, in dem wir so ziemlich alles hatten tun dürfen, was wir wollten. Das ging jetzt nicht mehr. Mein Stiefvater war nämlich ziemlich streng mit uns Kindern. Das galt für uns ebenso wie für seine Tochter aus erster Ehe, die – aufgewachsen als Einzelkind – nicht nur plötzlich mit drei Schwestern konfrontiert wurde, sondern auch den Trubel, den wir verursachten, überhaupt nicht gewöhnt war. Sie litt natürlich sehr unter uns „Zugezogenen", zumal wir wie Pech und Schwefel zusammenhielten.

Wir drei Schwestern fanden dieses neue, große Haus zwar sehr schön, aber doch auch bedrohlich, und außerdem wurden wir sofort in eine „richtige Schule" geschickt, nachdem wir bisher nur Hausunterricht gehabt hatten. Zudem wurde unser geliebtes Kindermädchen entlassen und wir bekamen nun eine Erzieherin – Fräulein Maier.

Mein Stiefvater hatte in Schlesien zwei Spitznamen, die ihn wirklich recht gut charakterisierten: Er wurde der „Geist von Potsdam“ genannt, was sich nicht nur sehr deutlich in seiner Haltung uns Kindern gegenüber äußerte, sondern ebenso in seiner Arbeitsmoral zeigte. Man sprach von ihm aber auch als dem „schönen Siegfried“, weil er besonders gut aussah und das auch wusste. Zum Pädagogen war er nicht sonderlich geeignet und überhaupt war er durch und durch Militarist; seine Erziehung im

Kadettenkorps und sein Dienst im „1. Garderegiment zu Fuß“ in Potsdam, noch im Kaiserreich, hatten ihre Spuren sehr deutlich hinterlassen.

Von uns angeheirateten Kindern war ich sein Liebling. Das lag wahrscheinlich daran, dass ich die furchtloseste von uns Geschwistern war und dass ich außerdem seine Aufgaben, die er uns meist bei Tisch stellte, am schnellsten „lösen“ konnte. Beispielsweise fragte er uns einmal, wie ein Rebhuhn aussähe, und ich sagte prompt, dass es sich um einen kleinen geschäpperten Vogel handele, der eine bestimmte Größe habe (und ich zeigte, wie groß ein Rebhuhn ungefähr ist). Wie ein Rebhuhn aussieht, wusste ich wirklich. Die Lösung der Rechenaufgaben, habe ich allerdings immer erraten. Darauf werde ich später noch einmal zu sprechen kommen.

Meine Mutter, die meinen Stiefvater auf einer Beerdigung kennengelernt hatte, war – glaube ich – nicht übermäßig gern in Niederschlesien. Sie saß nachmittags stets in ihrem Salon und wartete dort auf meinen Stiefvater. Sie muss sich dabei fürchterlich gelangweilt haben. Deswegen kam sie im Winter fast täglich zu uns Kindern, um ebenfalls Fräulein Maier zuzuhören, die uns immer vorlas. Wenn wir alle unsere Pflichten hinter uns gebracht hatten – und das waren nicht wenige –, wurde uns nämlich bis zum Abendessen vorgelesen. Nebenbei achtete meine Mutter allerdings auf alle Geräusche auf dem Hof und der Straße und stürzte sofort nach unten, wenn sie den Wagen meines Stiefvaters hörte.

Tagsüber beschäftigte sie sich mit ihren Hunden oder mit unseren Bienen, die hinten im Park ein extra Häuschen für sich hatten. Es war natürlich selbstverständlich, dass sie sich auch um die Blumen und den Haushalt kümmerte, aber wenn wir Kinder aus der Schule kamen, hatte sie ihr Tagewerk bereits vollbracht, saß nach dem allgemeinen Mittagessen im Salon und trank ihren Mokka. Wir kamen dann gegen zwei Uhr aus der Schule, küssten ihr die Hand und gingen – nachdem wir einen sogenannten

Zuckerfisch (das war ein Stück Würfelzucker, das in Mokka getaucht war) bekommen hatten – ins Esszimmer, um „nachzuessen“, weil die Familie grundsätzlich um ein Uhr aß.

Das Verhältnis zwischen meiner Mutter und uns Kindern war ziemlich förmlich, jedenfalls solange sie in der Nähe ihres Mannes war. Das lag wahrscheinlich daran, dass sie offensichtlich nur entweder für meinen Stiefvater oder für uns Kinder da sein konnte, und ich glaube, dass sie darüber recht unglücklich war.

Mein Stiefvater, der noch aktiv beim Militär war, als wir nach Niederschlesien kamen, wurde in der Vorkriegszeit in eine weit im Westen liegenden Stadt in Deutschland versetzt, was für seine Kariere ziemlich wichtig gewesen war. Meine Mutter lebte ein ganzes Jahr mit ihm dort und hat diese Zeit offenbar sehr genossen. Das glaubten wir jedenfalls aus ihren Briefen an uns herauszulesen. Damals lebte meine Großmutter mütterlicherseits bei uns. Sie hat uns fürchterlich verwöhnt. Einmal lud sie alle Kinder in die beste Konditorei am Platze ein. Das war für uns natürlich ein großes Fest, weil diese Konditorei der Inbegriff unserer Wünsche war und unsere Eltern auf diesem Ohr leider nicht hörten. Wir durften so viel Kuchen essen, wie wir wollten und konnten. Das hatte allerdings schlimme Folgen, weil uns allen natürlich mehr oder weniger schlecht wurde.

Die meiste Zeit haben wir Kinder – und das werde ich noch erzählen – arbeitenderweise zugebracht. Wir wurden immer damit getröstet, dass wir, wenn wir erwachsen sein würden, alles nachholen könnten, was wir zur damaligen Zeit vielleicht vermissten. Nun, das hat sich als ein fataler Irrtum herausgestellt, allerdings als ein Irrtum, für den meine Eltern wahrlich nichts konnten.

Zunächst war die Übersiedlung nach Niederschlesien für uns Kinder ein ziemlicher Schock gewesen. Aber noch bevor es soweit war, zeigte ich meinen Eltern, dass es auch für sie nicht ganz einfach sein würde, uns in ein Korsett zu pressen, das mir und meinen Geschwistern so gar nicht auf den Leib geschneidert war.

Als meine Mutter meinen Stiefvater heiratete, wollten beide nicht, dass wir Kinder bei ihrer Hochzeit dabei sind. Also wurde meine älteste Schwester zusammen mit meiner Stiefschwester, der Tochter aus der erster Ehe meines Stiefvaters, zu irgendwelchen Freunden gegeben und wir „Kleinen" waren in der Nachbarschaft des Ortes untergebracht, in dem sie heirateten. Da ich die geplante Hochzeitsreise meiner Eltern ablehnte, weil ich ziemlich eifersüchtig auf meinen Stiefvater war, bestach ich also seinen Chauffeur und der versteckte mich hinter den Rücksitzen des großen Horchs, mit dem das „junge Glück“ in die Flitterwochen fahren wollte. Zunächst blieb ich dort unentdeckt. Das ging allerdings nur bis in die Hauptstadt gut, in der die Eltern übernachten wollten. Als sie mich entdeckten, gab es den ersten großen Krach zwischen mir und meinem Stiefvater, aber ich glaube noch heute, dass er diesen Auftritt von mir im Grunde seines Herzens eher komisch fand. Ich wurde schließlich in dieser Nacht in einem anderen Hotel untergebracht und am nächsten Morgen von der Erzieherin abgeholt. Dadurch war ich auch die Erste von uns Kindern, die im neuen Zuhause ankam, und wurde von meinen Geschwistern entsprechend beneidet. Allerdings wussten wir damals noch nicht, was uns in den nächsten Monaten und Jahren blühen würde.

Die Schwierigkeiten, denen wir gegenüberstanden, ergaben sich vor allem dadurch, dass wir von heute auf morgen die wohl besterzogensten Kinder des Umkreises sein sollten, was wir einfach nicht waren. Das galt weniger für meine Schwestern, die sich mit Erfolg bemühten, sich den neuen Umständen anzupassen, als eben für mich. Ich wollte nämlich nicht einsehen, dass es am einfachsten war, den Weg des geringsten Widerstandes zu gehen. Ich spürte sehr bald, dass ich zwar in einem goldenen, aber eben in einem Käfig gefangen war: Von außen betrachtet, lebten wir in Saus und Braus und unsere Freunde – soweit wir welche haben durften – beneideten uns. Unser Käfig aber war gekennzeichnet durch unzählige Ge- und Verbote, die nur für uns, nicht aber für die Allgemeinheit galten. Was wiederum an den Erziehungsmethoden meiner Eltern lag, die sich sehr bemühten, uns preußisch zu erziehen.

Und dann kamen wir in die Schule! Es handelte sich um eine Privatschule, die von ihren Schülern verlangte, dass sie erstens brav dem Unterricht folgten – ihn zumindest nicht störten – und zweitens auch noch, dass sie Schularbeiten machten. Da mir beides überhaupt nicht gefiel, ließ ich mir zunächst allerlei einfallen. Schließlich boykottierte ich die Schule und flog sehr schnell raus, was ich allerdings nur sehr kurze Zeit genießen konnte: Ich kam nämlich auf dem schnellsten Weg in eine Klosterschule. Die dortige Oberin – eine Pädagogin, wie sie meinte – hat unserer Erzieherin an irgendeinem Sprechtag gesagt, ich wäre bei Weitem das unmöglichste Kind, das sie kenne. Ich mache nichts als Unsinn im Unterricht, der mit mir nur schwer durchführbar sei, und die anderen Kinder hätten darunter zu leiden. Nur um mich nicht ganz der Hölle preiszugeben, ließe sie mich noch auf ihrer Schule. Merkwürdig sei nur, dass meine Aufsätze wegen der vielen Rechtschreib- und Zeichensetzungsfehler mit „Ungenügend" bewertet werden müssten, obwohl sie inhaltlich und stilistisch ausgezeichnet wären. Ich wundere mich heute noch, dass ich in dieser Zeit niemals sitzengeblieben bin. Unsere Erzieherin war aber der festen Überzeugung, dass diese Tatsache allein ihr zu verdanken sei, weil sie an den jeweiligen Sprechtagen außerordentlich eindrucksvoll geweint habe. Das also war mein Schulstart – nicht gerade sehr hoffnungsvoll!

Das zweite Feld meiner Empörung waren die Schulferien, in denen meine Geschwister und ich keineswegs tun konnten, was wir wollten. Es hieß dann einfach, dass Landmenschen keine Erholung bräuchten. Wir mussten also im Garten arbeiten, was wir besonders ungern taten. Später lernten wir in unserer Freizeit auch Stenographie und Schreibmaschine, was mir zwar leichtfiel, aber auch schrecklich langweilig war. Kurz und gut: Die Ferien waren auch ganz anders, als ich sie mir vorgestellt hatte.

Natürlich hatte mein „goldener Käfig" auch allerlei, was mir und meinen Geschwistern Freude brachte. Zum Beispiel hatte ich – genauso wie meine Schwestern – ein eigenes Reitpferd sowie so viele Hunde, wie ich mochte und mich um sie kümmern konnte. Mein Pferd hieß „Ginster" und ich liebte es heiß, obwohl es einige Unarten hatte, die leider mir zur Last gelegt wurden. Da es aber ein altes Zirkuspferd war, konnte ich meinem Stiefvater bald mit einigen relativ guten Dressurlektionen imponieren. Die Fehler, die ich dabei machte, hat er gottlob nicht gesehen.

Hinten im Park hatte mein Stiefvater außerdem einen Tennisplatz anlegen lassen, aber er verlangte auch in diesem Fall überdurchschnittliche Leistungen von uns. Ich war dazu keinesfalls in der Lage, sodass ich einfach aufgab und meinen Schwestern vollkommen das Feld überließ. Das war vergleichsweise einfach, im Gegensatz zum Klavierunterricht, den ich volle sieben Jahre über mich ergehen lassen musste. Ich denke heute noch mit Entsetzen an diese Nachmittage und die unglückliche Lehrerin, die vier unbegabten Kindern das Klavierspielen beibringen sollte. Nun, immerhin konnte ich im volltrunkenen Zustand noch vor einigen Jahren den berühmten „Fröhlichen Landmann“ spielen.

Schwierig waren auch die Mahlzeiten. Entweder die Erwachsenen unterhielten sich über das Wetter, die Ernte oder über sonstige landwirtschaftliche Probleme oder es wurden – wenn keine Gäste mitaßen – von meinem Stiefvater endlose Rechenaufgaben gestellt. Von uns wurde erwartet, dass wir die korrekte Antwort wussten. Ich habe allerdings nie gerechnet, sondern die Antwort einfach geschätzt. Ich hatte nämlich sehr schnell heraus, dass mein Stiefvater niemals mitgerechnet hat und deshalb meine Antworten einfach gelten ließ. Außerdem mussten wir ziemlich schnell essen, da er ohne Rücksicht auf alle anderen aufstand und es üblich war, dass dann niemand weiteraß. Das waren außerordentlich ungemütliche Mittag- oder Abendessen.

Wie ein Damoklesschwert hing die ganze Woche die Taschengeldabrechnung am Sonntag nach dem Mittagessen über unseren Häuptern, sei es, weil eigentlich immer einer von uns einen Fehler in seinem Ausgabenheft hatte, das wir führen mussten, sei es, dass er etwas Verbotenes gekauft hatte, sei es, dass nur ein Rechenfehler vorlag. Das Taschengeld war überhaupt eine Quelle meines Zorns, da wir mit diesem Geld nur Schulsachen kaufen durften. Manchmal habe ich diese Regel übertreten: Ich schrieb dann „Alter Mann“ in mein Ausgabenheft, dem ich angeblich zehn Pfennig gegeben hätte.

Es war vieles verboten, beispielsweise zusammen mit unseren Schulkameradinnen auf der Straße Eis zu essen, zu deren Geburtstagsfeiern zu gehen oder gar mit ihnen zu spielen. Es ist kein Wunder, dass wir zu Außenseitern in unseren Klassen wurden. Meine Schwestern konnten dieses Manko weitgehend ausgleichen, indem sie gut lernten und daher bei den Lehrerinnen beliebte Schülerinnen waren, zumindest aber niemals Anlass zu Klagen seitens der Schule gaben. Das galt für mich leider nicht, weil ich mangels Interesse am Unterricht diesen immer störte und deshalb bei den Lehrern keineswegs beliebt war.

Auch der Schulweg war natürlich reglementiert und wehe man kam nicht mit einem bestimmten Bus nach Hause! Um diesen Bus zu erreichen, war auch der kleinste Schwatz nach der letzten Stunde unmöglich, was wiederum bedeutete, dass wir theoretisch nur die Pausen für Gespräche zur Verfügung hatten. Mir gelangen Unterhaltungen in den Pausen nur sehr selten; meist stand ich alleine auf dem Schulhof herum. Auch deshalb konnte ich die Schule nicht leiden: Ich hatte eigentlich keine richtige

Schulfreundin und fraß infolgedessen allen Ärger in mich hinein, was natürlich mein Leben nicht gerade einfacher machte.

All das bedeutete, dass unser Handlungsrahmen ziemlich klein war, was insbesondere für mich hieß, dass ich kaum Möglichkeiten für mich sah, einen eigenständigen Weg zu finden. Außerdem hing ich seinerzeit sehr an meiner nur ein Jahr älteren Schwester. Meiner Ansicht nach konnte sie alles besser als meine älteste Schwester und ich.

Was durfte ich nun eigentlich? Natürlich war ich zutiefst enttäuscht, als ich dahinterkam, dass ich zwar nach außen hin vieles durfte und konnte, die „Nebenkosten“ aber die von meinen Schulkameraden unterstellte Verwöhnung in ihr Gegenteil umschlagen ließ. Ich hatte beispielsweise im Gegensatz zu den meisten Kindern mein eigenes Pferd. Mit diesem Besitz waren aber Pflichten verbunden, die „nicht von schlechten Eltern“ waren. Wir mussten nämlich nicht nur den Stall ausmisten, sondern auch das jeweilige Pferd füttern und putzen und zwar vor dem täglichen Religionsunterricht in unserem Esszimmer, dem anschließenden Frühstück und der Fahrt zur Schule. Es war wirklich kein Wunder, dass meine Geschwister und auch ich vollkommen übermüdet dort ankamen. Dass ich mich einige Male vor der Arbeit im

Pferdestall durch die handfeste Bestechung eines Stalljungen drücken konnte, ist gottlob unbemerkt geblieben.

Mit den Hunden war es sehr ähnlich. Wir durften so viele haben, wie wir wollten, wir mussten sie aber füttern und mindestens dreimal am Tag mit ihnen spazieren gehen, gleichgültig, wie das Wetter war.

In diesen Dingen waren meine Geschwister und ich uns ziemlich einig: Wir halfen einander bei der Arbeit im Stall und vertraten uns auch gegenseitig, was die Hunde anbelangte. Die Nachmittage waren im Übrigen ziemlich verplant. Zwei Tage in der Woche kam unser Tennislehrer und ein Nachmittag war durch vier Klavierstunden mehr oder weniger blockiert. Außerdem sollten wir mindestens eine Stunde am Tag reiten, was wir zwar gerne taten, was aber häufig mangels Zeit ausfallen musste.

Unser Tagesablauf war also recht rigide organisiert. Es blieb uns sehr wenig Zeit für unsere Spiele, denn es gab ja auch noch die Schularbeiten, hinsichtlich derer ich mir aber eigentlich keine Sorgen machte, weil ich sie immer notfalls in der Pause auf dem Klo abschreiben konnte. Im Allgemeinen wurden meine Geschwister und ich aber von unserer Erzieherin in Bezug auf die Schularbeiten kontrolliert, sodass es selten vorkam, dass ich keine Schulaufgaben gemacht hatte.

Die wenige freie Zeit, die wir im Sommer hatten (im Winter wurde uns meist vorgelesen), wurde von uns unterschiedlich genutzt. Ich habe schon als relativ kleines Kind ziemlich viel gelesen, natürlich auch Bücher, die verboten waren. Ich versuchte in diesen Fällen unbedingt herauszubekommen, was an dem jeweiligen Buch unanständig war.

In den ersten Jahren in Niederschlesien war meine Hauptbeschäftigung, die uns gesteckten Grenzen auszutesten. Das bekam mir wie „dem Hündchen die Grasspeise", denn ich lernte in dieser Zeit all die Strafen kennen, die überhaupt infrage kamen. Sie reichten von der einfachen Ohrfeige, die mich nicht weiter erschütterte, über das Mit-der-Reitpeitsche-Verdroschen-Werden, was ich mehr als unwürdig empfand und daher nach Möglichkeit vermied, bis hin – und das war die fürchterlichste Strafe überhaupt – zum Vollkommen-ignoriert-Werden; so manches Mal wochenlang. Kein Familienmitglied und kein Dienstbote durfte dann mit dem Delinquenten mehr als das Nötigste reden. Das passierte meiner Lieblingsschwester und mir einmal fast gleichzeitig.

Meine Schwester war sehr ungern in dem Internat, in das sie gehen sollte, und wollte ihren Rausschmiss beschleunigen. Daher sprang sie aus dem dritten Stock des

Hauses (es war in der damaligen Zeit eines der fortschrittlichsten Mädcheninternate) und landete mit einem Schädelbruch auf einem Kohlenhaufen. Unsere Erzieherin musste sie abholen, durfte sie aber nicht mit nach Hause nehmen (was meine Schwester ja hatte erreichen wollen) sondern musste sie stattdessen in das Ursulinenkloster der Hauptstadt bringen. Dort saß sie trotz Schädelbruchs in strenger Einzelhaft. Ich war damals in ein anderes Internat der Ursulinen in unserer Nähe gekommen, weil weder meine Eltern noch unsere Erzieherin oder der Hauslehrer glaubten, mit mir fertig werden zu können. Darauf war ich sehr stolz und soll mich dort auch zunächst wie ein Lamm benommen haben. Nur, eines Tages hörte ich vom Schicksal meiner Schwester! Zum Entsetzen der Nonnen bin ich in einem unbewachten Moment einfach ausgerissen und habe – ich weiß heute nicht mehr, wie ich das geschafft habe – meine Schwester in ihrem Exil besucht. Ich nehme fast an, dass damals eine vernünftige Nonne ihre Hand im Spiel hatte. Jedenfalls konnten meine Schwester und ich uns eine Weile unterhalten. Natürlich weiß ich nicht, was hinter den Kulissen passiert ist. Jedenfalls kam meine Schwester dann endlich in die Klinik von Prof. v. Weizsäcker und später nach Hause, wohl auch nur nach energischen Interventionen des Professors. Mich allerdings traf die ganze „Härte des Gesetzes“: Ich kam in ein besonders strenges und altmodisches Internat, in dem ich erstaunlicherweise relativ gern war. Es gab dort nämlich festgelegte Regeln, die im Vergleich aber gar nicht so eng gesteckt waren, wie ich es kannte. Zur allseitigen Verwunderung machte ich dort also offensichtlich keinerlei Schwierigkeiten und bin nur schweren Herzens wieder nach Hause zurückgegangen.

Als kleineres Mädchen war es nicht nur mein Zuhause, sondern vor allem die Schule, in der für mich als sinnlos angesehene Regeln galten. Ich fand diese Regeln höchst unverständlich und verhielt mich entsprechend. Sehr schnell hatte ich raus, welche Lehrer sich ärgern ließen. Ich habe es dann fast virtuos verstanden, die von mir als geeignetes Objekt ausgewählte Lehrerin – sie hieß ebenfalls Fräulein Meier – so lange zu ärgern, bis sie weinend die Klasse verließ und der Unterricht für diese Woche ausfiel. Noch heute habe ich ein schlechtes Gewissen, was Fräulein Meier angeht, aber damals war es jede Woche ein Sieg für mich und ich war mit mir ausgesprochen unzufrieden, wenn es mir nicht gelang, sie zu ärgern.

Ähnliches machte ich mit dem Vikar der Kirche, von der mein Stiefvater Patron war. Der arme Vikar hatte die fast unlösbare Aufgabe, meinen Schwestern und mir täglich von halb sieben bis halb acht Religionsunterricht zu geben. Es war sehr leicht, ihn aus der Fassung zu bringen, bis er eines Tages zu meinem Stiefvater ging und ihm erklärte, dass wir ihn „seelisch und körperlich“ zugrunde richten würden und er sich daher außerstande sähe, uns weiter zu unterrichten. Die berühmte Frage „warum“, die wir ihm ständig stellten, um ihn zu verunsichern, war für ihn ein rotes Tuch, was wir sehr schnell heraushatten.

Von diesen Religionsstunden erhofften sich die Eltern sicherlich, dass wir auf diese Weise fest im evangelischen Glauben verankert würden. Aber unsere Erzieherin war katholisch. Die Hälfte von uns Kindern ging also in die evangelische, die andere Hälfte mit Fräulein Maier aber in die katholische

Kirche, was von Woche zu Woche wechselte. Da mein Stiefvater Patronatsherr der evangelischen Kirche war, die er in erheblichem Maß finanziell unterstützte, fand er, dass Entsprechendes auch für die katholische Kirche getan werden müsse und stiftete ihr deswegen ein Glockenspiel. Im Sinne der Ökumene war es sicherlich gut, dass meine Eltern, wahrscheinlich in erster Linie mein Stiefvater, uns aus Gerechtigkeitsgründen abwechselnd in beide Kirchen schickten.

Als das von meinem Vater gestiftete Glockenspiel feierlich geweiht und eingeweiht wurde, gab es danach bei uns ein großes Essen. Unsere Erzieherin, die wie gesagt katholisch war, hatte uns wochenlang gedrillt, den Bischofsring des Kardinals Bertram richtig zu küssen, was ganz anders war, als das landläufige Handküssen, das wir natürlich „aus dem ff“ konnten. Wir Kinder durften nicht mitessen und haben uns eben auf unsere Weise vergnügt. Wir sollten nur nach Tisch artig „Guten Tag“ sagen und bis dahin solange auf unseren Zimmern bleiben. Fräulein Maier, die wir eigentlich recht gern hatten, sollte uns in Schach halten. Das gelang ihr leider nicht, denn ich fand den hohen Bischofshut und den Bischofsstab in unserer Garderobe zu interessant. Ich hatte also nichts Besseres zu tun, als ihn und den Hirtenstab auszuprobieren. Natürlich war der Hut viel zu groß und rutschte mir deshalb über die Ohren. Als mir meine Schwester aus dem Hut helfen wollte, kamen Herr Bertram und die anderen kirchlichen Würdenträger gerade aus dem Esszimmer. Es ist fast unmöglich, sich das Entsetzen von Fräulein Maier einerseits und das Amüsieren des Kardinals andererseits vorzustellen. Jedenfalls war mir der Kardinal nicht böse; meine Geschwister und ich wurden von da an einmal im Jahr nach Krakau in seine Residenz zu Kaffee und Kuchen eingeladen. Ich glaube, ich bin der einzige Nichtkleriker, dem es jemals gelungen ist, eine Kardinalsmitra auf dem Kopf zu haben.

Von der aktuellen Politik hörten wir in diesen Jahren herzlich wenig. Bei Tisch wurde nie über das geredet, was in dieser Welt geschah, und wir fragten solange nicht nach, bis sich die Todesanzeigen von Soldaten, die wir kannten, in den „Schlesischen Nachrichten" häuften und meine Mutter unvorsichtigerweise von einem Vetter sprach, der ihrer Ansicht nach Glück gehabt habe, weil er nur ein Bein verloren hätte.

Wir lebten in Schlesien Anfang der 40er Jahre nach wie vor noch wie in Friedenszeiten, wenn man von den eingezogenen Menschen und von den beschlagnahmten Pferden und Autos absieht. Natürlich ergaben sich im Laufe der Zeit allerhand Veränderungen: Meine älteren Schwestern mussten ihr Pflichtjahr bzw. ihren Arbeitsdienst antreten, wir hatten keinen Diener mehr und wir jüngeren Kinder fuhren nun mit Bus und Straßenbahn in die Schule. Das empfand ich allerdings eher als Vorteil, weil für mich die Straßenbahn so etwas wie ein Symbol der Freiheit war. Meine Schwester und ich hatten zwar strickte Weisungen, wie wir uns zu verhalten hätten, aber wir hielten uns herzlich wenig daran. Zweimal wurde ich leider erwischt.

Das eine Mal beschwerten sich die Stadtwerke, weil ich das Wollknäuel meines Strickstrumpfes aus der Handarbeitsstunde vom hinteren Fenster des Anhängers der Straßenbahn aus hinter der Bahn herhüpfen ließ, was mir einen langen Vortrag über das einbrachte, was alles hätte passieren können, wenn sich beispielsweise ein Radler darin verfangen hätte.

Das andere Mal war in jeder Hinsicht problematischer: Fräulein Maier traute ihren Augen nicht, als sie bei einer Kontrolle des Schulwegs ihre beiden Zöglinge sah, wie sie, die Schultaschen zwischen den Beinen – was streng verboten war –, die Mäntel mit zwei Schwestern aus ihren Klassen tauschten. Es handelte sich bei den Schwestern um Beate und Sybille Königsberger, die bereits die gelben Sterne tragen mussten und nur auf der hinteren Plattform des hintersten Anhängers fahren durften. Es gab ein fürchterliches Donnerwetter und ich habe damals das erste Mal etwas von den Judenverfolgungen gehört. Irgendwann waren beide Mädchen nicht mehr da und ich habe – viele Jahre später – überall in Europa und den USA nach ihnen suchen lassen. Ich fürchte, sie waren zwei von den vielen Tausend Juden, die umgebracht worden sind!

Die Rolle des schwarzen Schafes ist mit Recht unbeliebt, und wenn man sie hat, wird man sie sehr schwer wieder los, es sei denn, es passieren außerordentliche Dinge, die eine ganz neue Lebenssituation erzwingen. Ich jedenfalls wurde mir der Rolle des schwarzen Schafes bewusst, als ich für irgendetwas bestraft wurde, was ich wirklich nicht getan hatte. Ich weiß zwar nicht mehr, um welches „Verbrechen" es in diesem Fall ging, ich weiß aber noch wie heute, dass ich von diesem Tag an keinerlei Rücksicht mehr auf irgendwelche Ge- oder Verbote genommen habe, weil mir sowieso sämtliche Unarten und Untaten zur Last gelegt wurden und ich demzufolge die entsprechenden Strafen sowieso bekam. Ich wurde zusehends störrischer und – weil man tagelang nicht mit mir sprach – auch einsilbiger. Meine Geschwister hingegen konnten relativ risikolos mehr oder weniger machen, was sie wollten, solange sie sich nicht auf frischer Tat erwischen ließen. Das allerdings passierte dann meiner ältesten Schwester und ich war – ich kann es nicht leugnen – richtig schadenfroh.

Eigentlich genoss ich es sogar, gewissermaßen „vogelfrei" zu sein, weil die allgemeine Stimmung im Haus auf diese Weise entspannter wurde. Im Falle eines Falles drohte ich meist damit, dass ich meine Geschwister verpetzen würde. Der Erfolg war allerdings, dass man meinen Schwestern mehr glaubte als mir, was einerseits die jeweilige Strafe verschärfte und andererseits mein Verhältnis zu den älteren Geschwistern recht nachhaltig trübte. Der Ablauf war immer gleich: Jemand tat etwas Unerlaubtes – ich war unschuldig – der Missetäter sagte, dass ich lüge – das wurde ihm geglaubt – ich wurde bestraft und das um so strenger, je länger ich mich wehrte. Ich habe sehr schnell begriffen, dass ich am glimpflichsten davonkam, wenn ich auch die Untaten meiner Schwestern gleich als die meinigen zugab und nicht erst lange meine Unschuld beteuerte.

Meine Mutter hat noch wenige Jahre vor ihrem Tod fest daran geglaubt, dass ich ihr heiliges, einziges Paar Seidenstrümpfe (eine Kostbarkeit damals) geklaut hätte. Sie wollte einfach nicht wahrhaben, dass sie seinerzeit die falsche Tochter bestraft hatte. Aber so ging es mir als Kind und jungem Mädchen immer: Ich konnte sagen, was ich wollte, ich war und blieb die Übeltäterin vom Dienst. Ich glaube auch heute noch fest daran, dass ich aus der Sündenbockrolle nicht herausgekommen wäre, wenn mir nicht die politischen Ereignisse zu einer neuen Rolle, die das ganze Gegenteil war, gewissermaßen verholfen hätte.

Im Sommer 1944, als der Putsch gegen Hitler misslang, spitzten sich die politischen Ereignisse auch in Niederschlesien zu. Die Familie, das Zuhause und alles, was wir kannten und mehr oder weniger schätzten, war dann 1945 von heute auf morgen etwas, was der Vergangenheit angehörte. Meine Eltern wurden inhaftiert. Meine ein Jahr ältere Schwester und ich waren sehr plötzlich nicht nur von ihnen, sondern auch von den älteren Geschwistern abgeschnitten: Meine älteste leibliche Schwester tat ihren Dienst beim Roten Kreuz, während meine Stiefschwester wegen ihrer jüdischen Mutter in einer Munitionsfabrik arbeiten musste. Das bedeutete zunächst, dass wir jüngeren Schwestern die Landwirtschaft weiterzuführen hatten, was mit Hilfe des noch anwesenden Inspektors auch gut gelang. Später, im Januar 1945, mussten wir, ob wir wollten oder nicht, in den Westen fliehen. Die Frage, wohin ein möglicher Treck gehen sollte, hatte mein Stiefvater schon Jahre zuvor dahingehend beantwortet, dass je nach politischer Lage entweder die Umgebung von Göttingen oder der Starnberger See angepeilt werden sollte.

Meiner Schwester ging es ähnlich wie mir: Einerseits sahen wir irgendwie den Ernst der Lage und waren entsprechend besorgt um unsere Angehörigen, andererseits begann für uns ein großes Abenteuer. Ich jedenfalls habe keinen Moment daran gedacht, dass wir für immer unser Zuhause verlassen würden, sondern hielt die dringende Bitte eines Freundes der Familie, doch auch ohne Eltern aus dem Bannkreis der Großstadt (Breslau) zu gehen, für eine reine Vorsichtsmaßnahme.

Zunächst genoss ich also die vermeintliche Freiheit. Aber das dauerte keine Stunde, da es unsere Aufgabe als Repräsentanten des Guts war, nunmehr für die Sicherheit aller Menschen, die auf den Treck mitkommen wollten, zu sorgen. Aus dem schwarzen Schaf der Familie wurde praktisch über Nacht jemand, auf den sich andere Leute verließen. Wir waren zwar dem goldenen Käfig der mehr als strengen Erziehung entronnen, aber da waren schon wieder

Einschränkungen, die unseren Handlungsspielraum ganz erheblich begrenzten. Freilich, die Grenzen, die wir jetzt zu beachten hatten, waren sozusagen nicht mehr „hausgemacht“, sondern sie wurden uns einfach von außen gesetzt und galten für alle gleichermaßen.

Ich flatterte nun von einem Käfig – der golden war – in den nächsten Käfig. Dieser war jedenfalls sehr viel größer als mein goldenes Verließ, allerdings war es nicht schwer, sich in ihm zu verfliegen. Das durfte angesichts der vielen Menschen, die von unseren Entscheidungen abhingen, nicht passieren. Ich hoffe noch heute sehr, dass meine Schwester und ich niemanden in dieser Zeit nachhaltig enttäuscht haben.

Zwischen den Zeiten I

Wir konnten also nunmehr ohne Aufsicht nach eigenem Gutdünken handeln. Aber ob wir wollten oder nicht: Wir mussten unserer Verantwortung gerecht werden. Wir mussten nicht nur meine inzwischen geborenen kleinen Schwestern (Petronella und Benigna, die eine war zwei, die andere ein halbes Jahr alt), deren Kinderschwester uns im Stich gelassen hatte, sondern auch die rund hundert Menschen (meist Frauen und Kinder) und 20 Pferde heil irgendwo im Westen unterbringen, bis die Lage sich geklärt hatte. Wir hatten dafür zu sorgen, dass die Menschen, die sich auf uns verließen, genug zu essen und ein Dach über dem Kopf zum Schlafen hatten.

Unsere erste Amtshandlung war, die wichtigsten Dinge einzupacken. Es waren nur zwei Stunden zwischen dem Entschluss, mit den kleinen Schwestern und sämtlichen noch auf dem Gut lebenden und arbeitenden Menschen gen Westen zu flüchten, und dem sehr romantischen Aufbruch. Wir nahmen außer den zwei Kindern und ein paar eigenen Sachen einen großen Kabinenkoffer unserer Eltern sowie den berühmten Feldmarschallsstab des „Retters Schlesiens" mit. Ich glaube, ich war der einzige Mensch, der wirklich mit einem Marschallsstab im Tornister von Schlesien bis Bayern gelaufen ist. Außerdem fiel mir ein Orden in die Hand, den ich für den „Pour le mérite", den höchsten militärischen Orden, hielt.

Ich hatte allerdings bloß den „Schwarzer Adler“-Orden mitgenommen. Es war wohl die letzte Ohrfeige, die ich von meinem Vater – kurz nachdem wir wieder alle zusammen waren – bekam, weil ich diese beiden Orden im Eifer des Gefechts verwechselt hatte.

Wie schon gesagt: Der Aufbruch war sehr romantisch, weil er kurz vor Mitternacht erfolgte. Unser Gut lag im Festungsgürtel von Breslau und wir mussten bis zum nächsten Morgen aus diesem Festungsgürtel heraus sein, um nicht Gefahr zu laufen, dass uns alle Pferde noch beschlagnahmt würden. Die Wagen fuhren also – nur beleuchtet vom Schein zweier fünfarmiger

Silberleuchter (das elektrische Licht war bereits abgeschaltet) – vor unser Haus. Die Hufe der Pferde waren mit Stroh umwickelt, damit der Fortgang von uns möglichst lange nicht entdeckt wurde. Jeder Mensch (auch wir), so hatten wir beschlossen, durfte nur Gepäck in einem bestimmten Umfang mitnehmen. Trotz allem war die Stimmung erstaunlich gut und niemand zweifelte an den Anordnungen meiner Schwester und mir, was uns natürlich gut gefiel.

Wir hatten sehr bald ein Mittel gefunden, unsere Truppe bei Laune zu halten: Einer von uns fuhr mit dem Rad voraus und besorgte für alle ein Nachtquartier und ein warmes Essen. Das waren ziemlich gefährliche Fahrten und da sie immer nachts erfolgen mussten, waren sie auch recht unheimlich. Aber es war, bei den überfüllten Straßen durch die vielen Menschen, die auf der Flucht waren, die einzige Möglichkeit, mit relativer Sicherheit ein Nachtquartier für unseren Treck zu bekommen.

Einmal übernachteten wir bei Freunden meiner Eltern. Wir bekamen herrlich weiß bezogene Betten in einem Gastzimmer zugewiesen. Leider bekamen wir unsere Reitstiefel nicht mehr von den Füßen. Wir haben – weil wir nicht mit den Schuhen in die Betten steigen wollten – auf den Bettvorlegern geschlafen.

Nach wenigen Tagen stieß eine Schwester meines Stiefvaters, Tante Erika, zu uns. Sie hatte gerade ihren Mann und den einzigen Sohn verloren und saß in tiefer Trauer in ihrem geschlossenen Landauer. Wir kümmerten uns so gut wir konnten um sie. Eines Tages wollte sie einige Schritte mit mir gehen, um sich die Beine zu vertreten. Sie sagte zu mir: „Es ist eine schwere Zeit, aber sehr interessant!“ Dieser Ausspruch wurde in meiner Familie zum geflügelten Wort. Unsere Tante blieb bei unserem Treck bis Görlitz und ging dann ihrer Wege.

Auf unserem Weg gen Westen mussten wir irgendwann den Kamm des Erzgebirges überqueren. Das war mit unseren schweren

Ackerwagen ohne Bremsen sehr schwierig, weil die Pferde die von den Bergen wieder herunterrollenden Wagen in die Beine bekamen. Also klauten wir Holz aus dem Wald und blockierten damit die Räder. Das war eine ziemliche Schinderei für die Pferde, es war aber die einzige Möglichkeit, über das Gebirge zu kommen.

Als es langsam Vorfrühling wurde und daher nicht mehr so kalt war, holten wir die mitgenommenen exotischen Tiere meiner Mutter (ein kleiner Rhesusaffe und ein Papagei) aus ihren warmen Transportkisten und setzten sie auf einen Pferderücken in die Sonne. Als uns jemand fragte, wer oder was wir seien, antwortete meine Schwester:

„Wir sind ein Wanderzirkus. Wir kommen aus Stalingrad und fahren nach Aachen." Was bedeutete, wir kommen aus einer verlorenen Schlacht und wir gehen in eine Schlacht, die wir auch verlieren werden.

Am Ende unseres Marsches von Schlesien bis Oberbayern waren eigentlich nur noch unsere russischen Zivilarbeiter, die keineswegs zurück nach Russland wollten, bei uns und unseren Pferden. Die Frauen und Kinder waren unterwegs bei Bauern geblieben, weil sie dort Arbeit gefunden hatten. Es fiel uns nicht leicht, wieder ein „Normalleben" zu führen, als wir endlich am Starnberger See angekommen waren. Wir hatten Angst vor den Einschränkungen unserer Selbstständigkeit, die uns Dritte setzen würden, z. B. die Leute, bei denen wir zunächst wohnten. Unsere Grenzen während des Trecks hatten wir nicht als solche erkannt und sie daher akzeptiert.

Allerdings hatten wir gar keine Zeit, lange darüber nachzudenken, wie wir dies und das zu tun hatten. Wir mussten zunächst unsere Angehörigen suchen (das dauerte ganze zwei Jahre) und uns weiter um die beiden kleinen Schwestern kümmern. Dann mussten wir für die russischen Zivilarbeiter Arbeit organisieren, die Pferde versorgen und schließlich uns selbst etwas zu essen verschaffen. Wir mussten also so schnell wie möglich Geld verdienen. Das war gar nicht so einfach, da wir ja eigentlich nichts gelernt hatten. Gottlob machten die andern Flüchtlingsfamilien uns vor, was man in diesem Fall tat: In der Kreisstadt fanden sich an einem bestimmten Tag alle Flüchtlinge einerseits und die Bauern, die Arbeitskräfte suchten, andererseits ein, um entweder Arbeit oder Arbeitskräfte zu bekommen. Mir kam die ganze Angelegenheit wie ein moderner Sklavenmarkt vor. Am Ende blieben lediglich meine Schwester und ich mit den beiden Kleinen übrig; wir sahen nicht wie gute Arbeitskräfte aus. Schließlich nahm uns aber der „Kugelmüller" mit und quartierte uns in einen verlassenen Pferdestall ein. Arbeiten hatten wir – was der „Kugelmüller" natürlich nicht wissen konnte – ja gelernt und so haben wir viele Monate auf den Feldern gearbeitet und dabei das Problem mit unseren Schwestern dadurch gelöst, dass wir sie einfach mitnahmen und an den jeweiligen Feldrändern solange zurückließen, bis unsere Arbeitszeit vorbei war.

Dass wir in dieser Zeit einfach den Kopf voll anderer Dinge hatten und deshalb eigentlich nichts von der ersten Nachkriegspolitik mitbekamen, ist verständlich. Auch mussten wir unsere Eltern finden, gleichgültig, welche Schwierigkeiten dies auch machen würde. Meine älteren Schwestern tauchten von selbst wieder auf; sie hatten sich daran erinnert, dass Ambach als ein mögliches Ausweichziel genannt worden war. Im Fall meiner Eltern standen die Dinge anders: Wir hatten sehr bald nach Ende des Krieges in Erfahrung gebracht, dass sie am Leben waren und es ihnen relativ gut ging. Sie waren allerdings nicht wie wir Kinder in der amerikanischen, sondern in der englischen Zone gestrandet und zwar in einem kleinen Ort bei Göttingen. Zwischen den beiden Besatzungszonen gab es zunächst keinerlei Verbindung. Es dauerte daher fast zwei Jahre, bis auch die Eltern nach Ambach kommen konnten.

Die Freude war natürlich groß, als die Familie wieder zusammen war. Es dauerte allerdings nicht lange, da fiel ein „Reif in die

Frühlingsnacht". Zweierlei konnte mein Stiefvater nicht durchlassen: Zunächst war er erbost, weil ich den „Pour le mérite" mit dem Orden „Schwarzer Adler" verwechselt hatte. Schlimmer für ihn war aber wohl unser Spott, als er den von uns mitgenommenen Kabinenkoffer öffnete. Uns war immer gesagt worden, in diesem Koffer seien sehr wichtige Unterlagen, die auf jeden Fall mitgenommen werden müssten. Deswegen hatte der Koffer auch immer in unserer Halle bereitgestanden. Nun, in dem Koffer lagen Fräcke unseres Stiefvaters sowie Abendkleider meiner Mutter und Tischwäsche für vierundzwanzig Personen. Das waren in dieser Zeit wirklich wichtige Dinge!

Meine Schwestern und ich hatten uns – sicher beschleunigt durch die Umstände – zu ziemlich selbstbewussten jungen Frauen entwickelt, die fest entschlossen waren, sich keinerlei Gängeleien mehr gefallen zu lassen. Das ist uns im Wesentlichen auch gelungen, obwohl es zunächst ziemlich schwierig war, den Eltern beizubringen, dass wir nunmehr keine Kinder mehr waren. Offensichtlich hatten meine Eltern auch einfach zu viel mit sich selbst zu tun, als dass ihnen klar war, dass wir in den zwei Jahren, in denen sie abwesend gewesen waren, erwachsen geworden waren, und zwar ohne ihre ausdrückliche Genehmigung.

Meine Schwestern und ich wollten nun jede auf ihre Weise eigene Wege gehen. Das bedeutete, dass sich auch die Wege meiner ein Jahr älteren Schwester und mir ein für alle Mal trennten, was uns in diesem Moment gottlob nicht bewusst war. Meine Schwester ging sehr bald in das seinerzeit gelobte Land Amerika, wo sie Hals über Kopf heiratete, um, nachdem sie drei Kinder bekommen hatte, auf sehr unschöne Weise zu sterben. Ich selbst habe sehr bald in München Fuß gefasst und dort mein selbstständiges Leben begonnen.

Die Welt der Wissenschaft

In München traf ich auf Regeln, die mir vollkommen fremd waren. Mir kam es seinerzeit vor allem darauf an, meinem Stiefvater zu zeigen, dass ich auch ohne familiäre Hilfe durchs Leben kommen konnte. Mein Stiefvater hatte sich nämlich ausgedacht, mich „Putzmacherin" lernen zu lassen, weil in dem Ort, in dem meine Eltern lebten, eine Nachbarin eine Lehrstelle anbot. Da ich auf dieses Angebot nicht einging, waren die Eltern auf ihre undankbare Tochter böse und ich musste nun sehen, ohne sie einen Weg zu finden. Für mich war klar, was das bedeutete: Ich musste entweder eine Lehre oder ein Studium absolvieren.

Die erste Hürde, die ich zu überwinden hatte, damit ich überhaupt im Leben vorankam, war das fehlende Abitur. Ich sah sehr schnell, dass ich den entsprechenden Wisch dringend brauchte, um einen Beruf erlernen zu können, der mich – nicht nur vor den Eltern – unabhängig machen würde.

Das Abitur setzte aber voraus, dass man die Sexta bis zur Oberprima durchlaufen hatte, eine Tatsache, die mich mindestens noch drei Schuljahre gekostet hätte. Da ich aber gar keine Lust mehr auf Schule hatte und mir natürlich auch das Geld fehlte, um diese lange Zeit zu überbrücken, habe ich die damals maßgebenden Gesetze auf meine Weise ausgelegt: Kriegsteilnehmer –

darunter verstand man damals nur Soldaten, DRK-Schwestern und sogenannte Blitzmädchen – konnten mit einem Zeugnis der Versetzung mindestens in die Unterprima und in Verbindung mit einem Förderkurs innerhalb von drei Monaten ihre Hochschulreife nachweisen. Ich habe damals einfach behauptet, dass ich Kriegsteilnehmer und mein Zeugnisheft in Breslau geblieben sei. Das stimmte zwar, denn ich habe den Krieg weiß Gott mitgemacht und meine Zeugnisse waren tatsächlich in Breslau, aber ich war grade mal in der Obertertia und das habe ich tunlichst verschwiegen.

Im Nachhinein finde ich diese Unwahrheit nicht sehr relevant, denn schließlich habe ich mir zwar das Abitur mehr oder weniger erschlichen, aber die Zeit hat ja bewiesen, dass ich auch mit diesem „unberechtigten“ Zeugnis der Reife meinen akademischen Weg gegangen bin. Ich frage mich heute allerdings angesichts meiner damaligen Erfahrungen, ob das Abitur wirklich das Nadelöhr darstellen sollte, durch das man schlüpfen muss, um für die Hochschulen eine Daseinsberechtigung zu haben. Ich hab es jedenfalls nicht gebraucht, um die akademische Leiter zu erklimmen. Zwar fehlte mir vieles vom Lernstoff der letzten drei Schuljahre und ich musste mich – selbst in den letzten Jahren meiner Berufstätigkeit – immer in Acht nehmen, dass niemand meine fehlenden Kenntnisse in bestimmten

Bereichen merkte, z. B. in Mathematik. Ich habe so manchen Abend damit verbracht, ungelernte Dinge in meinen Vorlesungen und Seminaren einigermaßen glaubhaft verkaufen zu können. Natürlich, ein bestimmter Wissenskanon ist einer der Parameter, den man im akademischen Betrieb immer im Hinterkopf haben sollte. Er ist eigentlich eine fast selbstverständliche Basis für jedes wissenschaftliche Handeln. Aber es ging – wie gesagt – auch ohne Grundstock an Kenntnissen der Allgemeinbildung.

Das galt im Übrigen auch für meine Sprachkenntnisse. Ich hatte lediglich fünf Schuljahre Englisch vorzuweisen und natürlich keinerlei Auslandserfahrungen. Daher war mein Englisch entsprechend lückenhaft und ist das auch heute noch, wo es doch kaum einen Studenten mehr gibt, der nicht gut Englisch spricht. Schlimmer für mich war, dass wissenschaftliche Aufsätze und Bücher häufig auf Englisch verfasst waren und dass man selbstverständlich auch englische Texte in Seminaren usw. verwenden musste.

Einmal wäre meine Sprachenlücke – diesmal in Bezug auf Latein – beinahe aufgefallen: Ich musste, weil das Wissenschaftsministerium es so wollte, eine Doppelstunde in einem Semester „nachlesen". Und zwar sollte ein Text in lateinischer Sprache ins Deutsche übersetzt werden. Ich habe seinerzeit Blut und Wasser geschwitzt, denn ich konnte natürlich kein Latein.

Aber dann hatte ich eine Idee: Ich kündigte ein Seminar am Freitagabend von achtzehn bis zwanzig Uhr an. Gottlob war die von mir vorgegebene Zeit innerhalb der Woche für die Studenten nicht sehr attraktiv, weil diese freitagnachmittags möglichst nach Hause fahren wollten. So waren weniger als drei Studenten anwesend. Das hatte ich insgeheim gehofft. Auf diese Weise konnte ich die Veranstaltung nämlich ausfallen lassen. Das Wissenschaftsministerium konnte nichts gegen mich unternehmen und ich hatte die Vorschriften (meines neuen Käfigs) nach meinem Gusto umgangen, was mich noch heute herzlich freut. Aber zurück zu meinen Lehr- und Wanderjahren an deutschen Universitäten.

Zunächst studierte ich Medizin. Ich wohnte in München in einem Haus im vierten Stock, an dessen Haustür „Vorsicht Einsturzgefahr“ stand. Die Wohnung gehörte einem Tierarzt, der offenbar eine Leidenschaft für Aktgemälde hatte. Deswegen hingen eine ganze Reihe solcher Bilder in der Wohnung. Da ich mich mit diesen Bildern genierte, zog ich die abgebildeten Damen kurzerhand an. Ich nahm irgendwelche Kleidungsstücke von mir und arbeitete mit Stecknadeln.

Meinen Lebensunterhalt verdiente ich im Max-Planck-Institut für Hirnforschung damit, dass ich histologische Schnitte machte. Ich habe vier Semester in München gelebt und dort auch für das Physikum gepaukt. Kurz nach dem ersten richtigen akademischen Examen musste ich das Medizinstudium allerdings aufgeben. Der eine Grund lag darin, dass ich nach dem Physikum nicht mehr am Tag Geld verdienen konnte, weil die wichtigsten klinischen Übungen usw. tagsüber abgehalten wurden. Zum anderen kam ich mit der Pathologie einfach nicht klar. Ich war nämlich eines Tages ganz brav dorthin gegangen, um den verlangten „Schein“ zu machen. Dort sezierten gerade Studenten die Leiche eines jungen Mädchens mit einem dicken Zopf. Sie wollten offensichtlich das Gehirn herausholen und zogen die Kopfhaut mitsamt dem Zopf über das Gesicht. Sie machten Witze dabei und aßen ihre Frühstücksbrote. Das war zu viel! Ich bin jedenfalls nie wieder in die Pathologie gegangen.

Ich gab also zähneknirschend dieses Studium auf. Dass ich über diese Entwicklung selbst sehr wütend war, ist bei meiner Vergangenheit nicht verwunderlich. Leider erfuhren es die Eltern durch einen mehr als dummen Zufall. Sie haben natürlich frohlockt und meinen Misserfolg entsprechend breit getreten. Ich habe mir damals geschworen alles, was ich noch unternehmen würde, so geheim wie nur möglich zu halten, bis ich wirklich einen Erfolg sähe.

Um Geld zu verdienen, fuhr ich sehr bald in eine möglichst weit von München gelegene Stadt, da ich seinerzeit ziemlich deprimiert war und unter keinen Umständen Bekannte treffen wollte. Ich ging also nach Hamburg. Arbeiten konnte ich ja, aber in dem Büro, in das ich verschlagen wurde, hatte ich aufgrund meiner mangelhaften Rechtschreibung doch ziemlich viele Schwierigkeiten. Ich sah sehr schnell ein, dass Bürotätigkeiten meine Sache nicht waren.

Mein Selbstbewusstsein war nach den beiden missglückten Ausflügen in die Berufswelt ziemlich angeschlagen. Ich musste also sehen, meinen Kampfgeist wieder zu aktivieren, um endlich wieder an meine alten Erfolge anzuknüpfen.

Das gelang mir bereits am Anfang meines Studiums der Volkswirtschaft in Hamburg. Ich war deswegen auf Volkswirtschaft gekommen, weil man dort nur sechs Semester brauchte, um Staatsexamen zu machen, und es mir darauf ankam, möglichst schnell fertig zu werden.

Ich fing noch in Hamburg mit dem Studium an. Sehr schnell ergatterte ich einen seinerzeit begehrten Förderpreis der dortigen Universität von 200 DM, was damals sehr viel Geld war, jedenfalls für mich. Schwierigkeiten machten mir lediglich die Fächer, die eigentlich nur aus angewandter Mathematik bestehen, wie z. B. Statistik. Deswegen musste ich die Abschlussklausur in Statistik auch vom ersten bis zum letzten Wort abschreiben. Gottlob hatte ich jemanden neben mir sitzen, der den Stoff „aus dem ff“ beherrschte, und bei dem ich mich später durch tatkräftige Hilfe bei einer schwierigen Hausarbeit revangieren konnte.

In Bonn habe ich dann die meiste Zeit sehr zielstrebig und relativ fleißig in sehr kurzer Zeit mein Studium absolviert. Ich wohnte die längste Zeit bei der sogenannten Lindenwirtin (Frau Linde), die ein recht „schnelles“ Leben führte. Ich verstand mich mit ihr sehr gut und habe ihr so manches Mal aus der Patsche geholfen. Damals besaß ich ein Moped, das ich „Trienchen“ nannte, und das mein erster motorisierter Untersatz war.

Ich hatte in dieser Zeit auch besonders nette und für uns Studenten jederzeit ansprechbare Professoren, von denen ich im Übrigen viel für meine eigene spätere Tätigkeit als Professorin gelernt habe. Nur einmal geriet mein Lieblingsprofessor wegen mir etwas in Rage.

Es ging um die zu schreibende Diplomarbeit bzw. um das zu behandelnde Thema. Ich erzählte einer Mitstudentin, ich bekäme für die Arbeit sogar ein Honorar, weil ich für einen Großkonzern schriebe, mit dessen Vorstandsvorsitzendem mein Professor zumindest bekannt sei. Ich behauptete, ich schriebe über die Bekämpfung des Eisenwurms in der Siegerländer Eisenindustrie. Meine Beschreibung des Eisenwurms war der Seidenraupe und dem Holzwurm stark nachempfunden. Ich erklärte ihr, dass dieser, der wegen seiner Vorliebe für Eisen die entsprechenden Teile aller Maschinen und die Eisenträger der Brücken stark gefährde, aufgrund seiner Gefräßigkeit dringend bekämpft werden müsse. Allerdings sei die Firma Osram stark an diesem Tier interessiert, weil der von den Eisenwürmern gesponnene Eisenfaden, der um die Tiere gewickelt sei, besonders gut den elektrischen Strom leiten würde. Osram wolle also eine Studie über die Kosten, die die Zucht von Eisenwürmern verursachen würde, schreiben lassen. Das alles hat meine unglückliche Mitstudentin geglaubt und meinen Professor darum gebeten, diese Studie anfertigen zu dürfen. Mir war ein Donnerwetter sicher, weil dieser die Komik der Geschichte wohl nicht oder erst viel später gesehen hat.

Bei diesem Professor, der später mein Doktorvater wurde, war ich einige Zeit eine sogenannte Einsatzstudentin. Das hieß, dass ich im Bereich der Universität etwas Geld verdienen konnte, vor allem aber auch, dass ich Einblick in einige Eigenarten und Wesenszüge meines Chefs bekam. Dass er eine Vorbildfunktion für mich hatte, ist unbestritten, er hat mein späteres Professorendasein nachhaltig geprägt. Damals aber – noch vor meinem Staatsexamen – war er für mich zwar als Mensch eine ausgesprochene

Autorität, als Vertreter seines Faches aber nicht sehr überzeugend. Er konnte auf der einen Seite jeden Menschen, der keine so umfassende Allgemeinbildung wie er selbst vorzuweisen hatte, in schreckliche Verlegenheit bringen, andererseits war er kaum in der Lage, die einfachsten Zusammenhänge der Volkswirtschaftstheorien darzustellen. Das überließ er mir und ich schrieb ihm so manchen mehr oder weniger wissenschaftlichen Vortrag für seine Rotarier-Freunde oder für sonstige nicht allzu offizielle Anlässe.

Meine Hauptaufgabe war aber das Bügeln seiner Korrespondenz. Er hatte nämlich das Problem der Ablage seiner Unterlagen dadurch gelöst, dass er alle Briefe usw. zerknüllt in einen bestimmten Karton warf. Er überließ es dann mir, sie zu ordnen, sie tatsächlich mit einem Bügeleisen zu plätten und abzulegen. Ich tat das ebenso, wie das Schreiben bestimmter Briefe, wobei ich Weltkapazitäten unseres Fachgebietes, mit denen er befreundet war, mit ihrem Vornamen ansprach.

Als ich meine Dissertation zu schreiben begann, sagte er im Spaß, dass man in neun Monaten wohl eine Doktorarbeit fertigbekommen müsse. Schließlich bekomme man ja ein Kind auch in neun Monaten und eine Doktorarbeit sei nichts anderes als ein geistiges Kind. Ich nahm ihn beim Wort. Als ich ihm nach neun Monaten triumphierend die fertige Arbeit brachte, hatte er unsere Wette längst vergessen. Ich sehe heute noch sein ungläubiges Gesicht, als er begriff, dass ich nicht gekommen war, um mit ihm die Gliederung durchzusprechen, sondern ihm die fertige Arbeit überreichte. Meine Dissertation war nicht gerade ein Meisterwerk, was sicherlich nicht zuletzt auf diese Wette zurückzuführen ist. Ich habe später versucht, die veröffentlichten Exemplare aufzukaufen, weil ich befürchtete, dass sie meinem in Wissenschaftskreisen recht guten Ruf schaden würde. Heute sehe ich das natürlich anders. Ich habe nämlich die Erfahrung gemacht, dass, wenn man den Titel erst einmal erworben hat, kein Hahn mehr danach kräht, wie die Dissertation ausgefallen ist. Deswegen bin ich noch heute für ein „vernünftiges" Verhältnis von Titel und Arbeit. Auf rund 200 Seiten ist m. E. jedes wissenschaftliche Problem präzise darzustellen. Die Auffassung vieler meiner Kollegen, dass die Qualität einer wissenschaftlichen Arbeit mit deren Umfang in direktem Zusammenhang stehe, ist meiner Ansicht nach falsch. Viele Studenten neigen dazu, sehr viel „Wasser in den Wein" zu schütten. Dass meine diesbezügliche Auffassung später diverse Diskussionen zwischen mir und anderen Doktorvätern und -müttern ausgelöst hat, liegt auf der Hand. Es war aber für mich sehr unerfreulich, weil diese Diskussionen immer zu Lasten der Doktoranden ausgingen. Ich fürchte, diese Auseinandersetzungen haben so manches Mal zumindest zu Verzögerungen des Rigorosums geführt, was ich nicht ändern konnte. Aber ich schweife ab.

Als ich schließlich meine Dissertationsurkunde in der Tasche hatte, rief ich voller Stolz meine Eltern an, um ihnen endgültig den Wind aus den Segeln zu nehmen. Schließlich hatte es bisher – soweit ich wusste – niemand aus meiner Familie geschafft, einen akademischen Titel zu erwerben. Leider war dieses Telefonat für mich in keiner Weise erfreulich. Die Eltern – ich hätte es wissen müssen – waren weder stolz noch froh, sondern meinten nur, es wäre Zeitverschwendung, sich einen Titel zu erarbeiten, wenn man doch ohne eigenes Zutun einen schöneren und dekorativen Titel trage. Ich war wütend und das nächste halbe Jahr war Funkstille zwischen meinen Eltern und mir.

Ich glaubte damals, dass mein Weg durch deutsche Universitäten nunmehr abgeschlossen sei. Darüber war ich keineswegs sehr glücklich, zumal ich keine Ahnung hatte, was ich jetzt machen sollte. Wie sich die Regeln und Konventionen an Universitäten darstellten, glaubte ich seinerzeit zu wissen. Ich wusste auch, dass ich in diesem Milieu gut zurechtkommen würde. Auch hier war man natürlich in einem bestimmten

Bezugsrahmen gefangen. Aber ich konnte mir jederzeit einreden – und das stimmte ja sogar bis zu einem gewissen Grad –, dass ich alles, was ich tat, freiwillig und selbstständig machte. Die Abhängigkeit von einem Chef stand zwar auf dem Papier, in der Praxis ging mein Chef aber mit mir wie mit seinesgleichen um. Ich selbst bin – hoffentlich – immer auf diese Weise mit meinen späteren Studenten umgegangen!

Die Dinge überschlugen sich dann aber. Ehe ich es versah, saß ich als „rechte Hand" bei einer der Weltkapazitäten, den ich von den Briefen her, die ich im Namen meines Doktorvaters geschrieben hatte, schon recht gut kannte. Meine Aufgabe bestand in erster Linie darin, meinem neuen Herrn und Meister hinsichtlich eines großen Gutachtens zur Sozialpolitik, das er gerade verfasste, zuzuarbeiten und ihn in Bezug auf seine Selbstverwaltungs-Aufgaben innerhalb der Universität zu entlasten.

Das erste, was passierte, war, dass ich die falschen Strümpfe anhatte. Damals waren gemusterte Netzstrümpfe gerade modern und ich trug solche. Mein Chef sah nur an mir herunter und fragte mich dann, ob diese Strümpfe „ernst gemeint" seien, denn es war gerade Karneval. Da stieß ich also wieder an eine Grenze, die nur mir und nicht allen Menschen gesetzt war. Ich hätte beinahe heftig reagiert. Meine Vernunft, die in der Zwischenzeit doch ziemlich gewachsen war, hat mir allerdings gesagt, dass dieser Vorfall einen ernsthaften Streit einfach nicht lohne.

In der Folgezeit war ich immer sehr auf mein Äußeres bedacht, insbesondere dann, wenn ich es mit dem ungekrönten König der Fakultät zu tun hatte. Mein Chef interessierte sich überhaupt nicht für Angelegenheiten, die für das Fach oder den Lehrstuhl wichtig waren, wie z. B. Fragen des Haushaltes oder der korrekten Abrechnung. Wegen solcher und ähnlicher Dinge musste ich einige Male zum Vikar, einem Kollegen meines Meisters. Ich hatte sehr schnell heraus, wie ich es anstellen musste, um nahezu alle Probleme in meinem bzw. meines Chefs Sinn zu lösen. Es hat mich sehr beruhigt, dass selbst so berühmte Menschen wie jener Vikar Schwächen haben, die man ausnützten kann. Die Schwäche dieses Herrn war seine Vorliebe für junge, blonde Frauen mit einem Adelstitel und damit konnte ich ja nun wirklich dienen. Dass ich diese Schwäche nach Strich und Faden ausgenutzt habe, wird mir hoffentlich niemand übelnehmen. Jedenfalls hat das Institut meines Chefs viel mehr „abgeräumt“ als ihm zustand. Dies galt nicht nur für allgemeine Haushaltsmittel, sondern auch für Bücher und sogar für Personal.

Einmal habe ich diese „Verwaltungs-Kunststücke“ mit einem Besuch auf der Kirmes in Lich bei Frankfurt bezahlt. Ich hatte damals noch kein Auto und so fuhren wir mit meiner Lambretta dorthin, weil jener Vikar hoffte, dort nicht erkannt zu werden, und ich meinerseits hoffte – eine Hand wäscht die andere –, ein Haushaltsloch des Instituts schließen zu können. Es war herrlich zu sehen, mit welch kindlicher Freude er sich an einer Schießbude betätigte, und es war schrecklich, ihn nachher im volltrunkenen Zustand nach Frankfurt bringen zu müssen, ohne dass die Presse oder sonst jemand davon Wind bekam. Ich musste schließlich Freunde, die zwischen Lich und Frankfurt wohnten, bitten, dass meine Begleitung bei ihnen seinen Rausch ausschlafen dürfe, sodass wir am nächsten

Tag ohne Aufsehen zu erregen nach Frankfurt zurückfahren konnten.

In dieser Zeit wohnte ich bei einem Maler- und Tapeziermeister ganz nahe bei dem Institut, in dem ich arbeitete. Dieser Mensch probierte sämtliche neuen Farben und Techniken des Tapezierens in meinem Zimmer aus. Es sah daher manchmal sehr merkwürdig aus, immer aber waren alle Wände in wilden Farben gehalten. Da das Zimmer aber dafür sehr billig war, habe ich mich über die vielen „Dekorationen“ nicht weiter beschwert.

Damals habe ich mehr gelernt, als während meines ganzen Studiums. Vor allem wurde ich zur Spezialistin für Sozialpolitik und davon gab es in Deutschland seinerzeit nur sehr wenige. Ich bin meinem Chef noch heute dafür dankbar, dass er mir Einblick in die mehr als komplizierte Materie gewährt hat. Das war keineswegs selbstverständlich. Manche Ordinarien kämpften eifersüchtig um ihre Spezialgebiete und ließen ihre Assistenten daher niemals Einblick in ihre Arbeit nehmen. Das führte dann oft dazu, dass die Kontinuität der Lehre verloren ging.

Leider nahm meine Arbeit in Frankfurt ein jähes Ende, weil ich im unpassendsten Moment, den man sich nur denken kann, krank wurde. Es war notwendig, dass ich aus gesundheitlichen Gründen für Monate dem Wissenschaftsbetrieb fern blieb. In dieser Zeit schrieb ich allerdings ein Buch über Sozialpolitik, das wahrscheinlich das beste ist, das ich je geschrieben habe. Jedenfalls bildete es die Grundlage für meine spätere Habilitation und zeigte sozialpolitische Probleme und deren Lösungsansätze auf, die heute wieder auf der politischen Agenda stehen.

Da ich mich in all den Jahren über die Unverständlichkeit der meisten wissenschaftlichen Publikationen geärgert hatte, hatte ich mir vorgenommen, ein für alle Leser möglichst verständliches Buch zu schreiben. Ich dachte auch, dass mir das geglückt sei, und schickte das Manuskript einer

Freundin, deren Doktorarbeit in Breslau verschollen war, und die sich nunmehr im Max-Planck-Institut für Verhaltensforschung in Seewiesen durchschlug und – neben ihrer unbefriedigenden Arbeit für das Institut – Hunde (Möpse) züchtete. Da meine Freundin Naturwissenschaften studiert hatte und ihr die Sozialpolitik mehr als suspekt war, glaubte ich, dass sie der geeignete Mensch sei, um die Verständlichkeit meines Werkes zu bestätigen. Leider fand sie mein Buch ziemlich unverständlich. Da ich sehr viel auf ihr Urteil gab, habe ich das ganze Manuskript „ins Deutsche übersetzt", mich also von der Wissenschaftssprache mehr oder weniger ganz verabschiedet. Später wurde es praktisch zu meinem Markenzeichen, möglichst so zu schreiben, dass jedermann es auch lesen und verstehen kann. Ich habe auch dafür gesorgt, dass sich meine Studenten möglichst nicht hinter irgendwelchen Fremdworten oder wissenschaftlichen Floskeln verstecken konnten.

Einen großen Spaß hatte ich, als ich mit meiner Sekretärin wettete, dass sich ein Fremdwort innerhalb von 24 Stunden durchsetzen kann, wenn es nicht nur gut aussprechbar, sondern auch vielseitig verwendbar ist. Ich habe diese Wette gewonnen.

„Rebuke" war das Wort der Stunde. Als Haupt-, Eigenschafts- oder Tätigkeitswort und in den Formen der Vergangenheit, Gegenwart und Zukunft konnte „Rebuke" gebraucht werden und niemand gab sich die Blöße zu sagen, dass er nicht weiß, was „Rebuke“ heißen soll. Wir machten also einen „Rebuke“, das Wetter war „rebuke“ oder wir mussten heute noch „rebuken“. Ich habe mich innerlich halb totgelacht, aber es ist gut, dass dieser Spaß niemals aufgedeckt wurde, weil zu viele Menschen vor den Kopf gestoßen worden wären.

Eine ähnliche Geschichte habe ich kurze Zeit später in Bonn erlebt. Seinerzeit hatte sich gerade das Drama zwischen Prinzessin Margaret Rose und Mr. Townsend zugetragen und wurde in der Presse breitgetreten. Ich erzählte also früh um neun Uhr einem Mitbenutzer der Bundeshausbibliothek unter dem Siegel der Verschwiegenheit, dass am kommenden Sonnabend in Köln-Weidenpesch Mr. Townsend bei einem Amateurrennen starten würde. Es war noch nicht 14 Uhr, als mir dieses Gerücht – wieder unter dem Siegel der Verschwiegenheit – von einer anderen Person als Neuigkeit des Tages berichtet wurde. War das die erwachsene Version des Kinderspiels „Stille Post"? Jedenfalls: Auch diese Geschichte war erlogen und erstunken, aber ich bin mir sicher, dass auch ich auf das Gerücht hätte hereinfallen können.

Als schließlich meine Habilitation anstand, war ich wegen des ganzen Hin und Her's in Bezug auf sie mehr als nervös.

Ich habilitierte als sogenannter Externer, da ich seinerzeit weder Assistentin noch Mitarbeiterin an einem wissenschaftlichen Institut oder an einem Lehrstuhl war und sich daher auch keiner der Ordinarien sonderlich für mich und meine Sache einsetzte. Als dann auch noch irgendjemand herausfand, dass mein „Abitur" nur für bayrische Hochschulen galt, sah ich alle meine Felle davonschwimmen. Gottlob hatte der damalige hessische Kultusminister Schütte ein Einsehen und erließ die sogenannte „Lex Bethusy", d. h. eine Verfügung, in der stand, dass ich jetzt und sofort habilitieren durfte.

Neben der Habilitationsarbeit, die man im Diskurs mit den Ordinarien der Fakultät verteidigen musste, waren noch drei Vorträge vorzubereiten, von denen man allerdings nur einen wirklich hielt. Da man aber erst am Tag vor der mündlichen Habilitation erfuhr, welchen Vortrag die Herren Ordinarien hören wollten, fand ich, dass mir zu viel abverlangt würde. Ich fand mich wieder in einem zu engen Käfig, gegen den ich mich sofort zur Wehr setzen musste. Und ich tat es auf meine Weise.

Ich hatte gar keine Lust, drei Vorträge innerhalb einer Woche so vorzubereiten, dass sie bei den Zuhörern „Gnade" finden konnten. Außerdem musste ich berücksichtigen, dass in meinem Auditorium ziemlich viele unterschiedliche

Fachrichtungen vertreten sein würden, ich also Wert auf die Verständlichkeit und Plausibilität meines Vortrags legen musste. Das alles war nicht gerade einfach und so beschloss ich, es bei einem Vortrag bewenden zu lassen, mir aber drei verschiedene Überschriften auszudenken, die alle drei auf den einen Text passten, der im Ernstfall mit jeder der Überschriften vertreten werden konnte. Ob ich für diesen einen Vortrag weniger Zeit gebraucht habe als für drei Allerweltsvorträge, glaube ich heute nicht mehr; damals fand ich meine List aber ziemlich schlau und freute mich insgeheim darüber, meine zukünftigen Kollegen noch einmal an der Nase herumgeführt zu haben.

Die letzte Hürde, die ich im Rahmen des Habilitationsverfahrens nehmen musste, war eine öffentliche Antrittsvorlesung, zu der alle Freunde sowie die Würdenträger der Universität eingeladen worden waren. Sie war entsprechend feierlich und ich fuhr – schwarz gekleidet und wegen der vielen Hundehaare in meinem Auto in ein Bettlaken gehüllt – zur Universität. Wegen dieser Vermummung hielt mich ein Polizist an und es dauerte fast eine halbe Stunde, bis er mich endlich freigab. Ich kam also schon abgehetzt an und man gab mir nicht die Zeit, meine Schuhe umzuziehen. So musste ich in Latschen meine Vorlesung halten und meinen Eid sprechen. Bei der Vereidigung von Joschka Fischer habe ich sehr an diese Episode gedacht. Mein indessen alt gewordener früherer Doktorvater hat mich übrigens wegen dieser Angelegenheit etwas beschimpft, obgleich er – glaube ich – der Erste war, der mir zu meiner Habilitation gratulierte.

Der Stein der Weisen

Nun war ich also Privatdozent und überlegte zusammen mit anderen, was ich klugerweise für eine Lehrbefugnis beantragen sollte. Das war innerhalb der Sozialwissenschaften keineswegs eindeutig, zumal die Dinge in meinen Fall ziemlich kompliziert lagen. Ich hatte zwar Volkswirtschaftslehre studiert und seinerzeit mit dem Diplom abgeschlossen. Aber sowohl in meiner Doktorarbeit wie auch in meiner Habilitation standen ganz andere Probleme im Vordergrund. Meine Doktorarbeit beschäftigte sich beispielsweise mit der Frage, wer heute zur Elite gehört bzw. welche Eigenschaften ein Mensch haben muss, um einer bestimmten Elite anzugehören. Es kam hinzu, dass ich mich nicht sonderlich für Volkswirtschaft interessierte. Ich hatte es ja nur studiert, weil es seinerzeit noch in sechs Semestern studiert werden konnte, was mir schließlich ja auch geglückt war. Mir versprachen Soziologie bzw. Politikwissenschaft außerdem sehr viel mehr Spielraum für das Ausleben meiner wirklichen Interessen, die sich in erster Linie auf das gesellschaftliche Zusammenleben bezogen. Da es damals sehr viele Soziologen, kaum aber Politikwissenschaftler gab und diese noch dazu händeringend gesucht wurden, habe ich mich für Politikwissenschaft mit Schwerpunkt Innenpolitik (wegen meiner miserablen Sprachkenntnisse) entschieden. Als Politikwissenschaftlerin konnte ich mein Spezialgebiet – die Sozialpolitik – sehr gut verkaufen und ich konnte auch mein Steckenpferd – die politische Psychologie – vorantreiben. Das war alles, was ich mir wünschte und wünschen konnte, weil mir aufgrund des fast vollständigen Verlusts meines Augenlichtes als Folge eines Autounfalls nichts anderes übrig blieb, als wenigstens meine beruflichen Wünsche zu retten. Ich hatte mich während der vielen Arbeit vor der Habilitation immer damit getröstet, dass ich nach meiner letzten akademischen Prüfung Zeit und Geld für die Erfüllung all meiner privaten Wünsche haben würde, die ich mir in den vergangenen Jahren wegen der Arbeit und wegen des fehlenden Geldes immer hatte verkneifen müssen. Das ging nun nicht mehr.

Als Privatdozent wurde ich in Gießen dem dortigen Institut beigeordnet. Der Lehrstuhl war nicht besetzt und wurde von einem Privatdozenten wahrgenommen, der sich sicherlich Hoffnungen machte, einen Ruf nach Gießen zu bekommen. Wir gingen recht kameradschaftlich miteinander um, solange er Privatdozent war. Als er schließlich den Lehrstuhl bekommen hatte, habe ich aber – so glaube ich jedenfalls – niemals mehr eine so eindrucksvolle „Mutation“ vom Privatdozenten zum Professor gesehen. Von dem Augenblick an, in dem er seinen so sehr erhofften Ruf nach Gießen bekommen und selbstverständlich auch angenommen hatte, sprach er nur noch mit „Seinesgleichen“. Er wurde mir gegenüber unhöflich und behandelte mich mit einer Rücksichtslosigkeit, die ich bei meinen früheren Chefs niemals erlebt hatte.

Allerdings war ich seinerzeit auch in einer schlimmen Verfassung. Ich musste mit meinem Unglück umgehen lernen und zwar so, dass, wenn ich einen Lehrstuhl bekäme, es nicht nachteilig für ein Institut oder eine Fakultät wäre, wenn ich dort arbeitete. Für mich hieß das also, den Kollegen und Mitarbeitern vor allen Dingen zu vermitteln, dass ich die Aufgaben eines Ordinarius in Forschung und Lehre sowie der Selbstverwaltung wie jeder andere erfüllen konnte. Die rein rechtlichen Vorschriften sahen zweierlei vor: Einmal war es fast ausgeschlossen, mit meinen gesundheitlichen Einschränkungen „Beamtin auf Lebenszeit“ zu werden. Diesen Status bekam man zusammen mit einem Ordinariat ganz automatisch. Zum anderen waren die Hochschulen verpflichtet, einen bestimmten Anteil an Mitarbeitern zu beschäftigen, die „behindert“ waren. Da mir die Rolle des „Berufs-Behinderten“ aber höchst unsympathisch war, musste ich meine gesundheitlichen Einschränkungen so herunterspielen, dass man es verantworten konnte, mir die Beamteneigenschaft auf Lebenszeit auszusprechen.

Das Herunterspielen von Einschränkungen gesundheitlicher Art ist keineswegs leicht. Ich habe fast zwei Jahre – von 1968 bis 1970 –

jeden Tag mit einem sogenannten Mobilitätstrainer gearbeitet, nur um die Dinge des täglichen Lebens wieder selbstständig machen zu können. Daneben habe ich so gut es eben ging meine ersten Vorlesungen und Seminare gehalten. Es gab niemanden, der jungen Dozenten wie mir erklärte, wie man eine Vorlesung oder ein Seminar aufzieht, nach welchen Kriterien man Hausarbeiten bewertet oder wie man sich etwa bei Prüfungen verhält. Das Einzige, was man hatte, waren die eigenen Erfahrungen mit Dozenten, die man während des Studiums ja reichlich hatte sammeln können.

Diese zwei Jahre, die ich als Privatdozentin verbrachte, waren wirklich nicht schön. Ich fühlte mich einerseits durch meinen Unfall um mein Privatleben betrogen, andererseits wollte ich wenigstens einen Lehrstuhl haben, um natürlich alles anders und besser zu machen als die meisten meiner akademischen Lehrer. Als dann aber endlich der Ruf kam, war niemand so erstaunt und zugleich so erleichtert wie ich. Zwar hatte ich in der Zeit zuvor alles getan, um eine Berufung trotz meiner Behinderung zu erreichen, aber so recht hatte ich nicht an einen Lehrstuhl für mich geglaubt.

Meinen Lehrstuhl in Münster bekam ich auf eine merkwürdige Weise. Das erste Mal „sang" ich in Münster, d. h. ich hielt einen Probevortrag, als ich mich gerade einigermaßen von meinem Unfall erholt hatte. Aus irgendeinem Grund, den ich nicht mehr weiß, hatte ich meine zwei Möpse bei mir. Ich hatte aber keine Lust, für sie Kinderfahrscheine zu lösen. Da ich wusste, dass für Katzen keine zusätzlichen Kosten anfielen, habe ich dem Schaffner gegenüber behauptet, ich hätte zwei Siamkatzen auf die Reise mitgenommen. Er müsse, wenn er eine Nachzahlung verlange, mir erst einmal beweisen, dass ich keine Katzen, sondern eben Hunde im Zug mithätte. Ich fürchtete schon, er würde diesen Beweis antreten (was nicht schwierig gewesen wäre). Ein mitfahrender Herr, der die Situation sehr schnell erkannt hatte, und sich vor Vergnügen kaum beherrschen konnte, half mir sehr. Er behauptete nämlich seinerseits (beschwerte sich quasi) die Tiere hätten so laut geschnurrt, dass sie ihn geweckt hätten. Das war natürlich gelogen, aber der Schaffner hatte keine Lust mehr, die Sache weiter zu verfolgen. Später stellte sich heraus, dass es sich bei dem mitfahrenden Herrn um einen Kollegen gehandelt hatte, der gerade einem Ruf nach Münster folgte und der ebenso wie ich dorthin fuhr, um für sich eine Wohnung zu suchen. Wir haben uns noch häufig in Münster gesehen, als ich dann endlich auch dort gelandet war.

Im Hotel in Münster kam ein anderer Herr meines Alters beim Frühstück auf mich zu. Er behauptete, mich aus meiner Zeit in

Schlesien zu kennen. Da ich erst am Nachmittag in der Universität antreten musste, um meine Probevorlesung zu halten, konnten wir uns ein wenig unterhalten. Er war von der Fakultät für den gleichen Lehrstuhl zum „Singen“ eingeladen worden, was bedeutete, dass wir Konkurrenten waren. Kurz und gut, schließlich bekam er den Lehrstuhl und ich sah in die Röhre. Kaum war er aber in Münster, rief er mich an, um mich auf einen vakanten Lehrstuhl an der Pädagogischen Hochschule aufmerksam zu machen.

Ich bewarb mich dort und wurde zu einem Vorstellungstermin eingeladen, der mir keine zwei Wochen für die Vorbereitung eines guten Vortrags ließ. Ich beschloss deshalb, mit dem Vortrag anzutreten, den ich bereits einmal in Münster gehalten hatte. Dabei vertraute ich auf die Spinnefeindschaft, die zwischen Universität und Pädagogischer Hochschule bestand und die die Hochschullehrer der Universität davon abhalten würde, sich in das Bewerbungsverfahren der Pädagogischen Hochschule einzumischen. Gottlob war meine Einschätzung richtig. Inhaltlich ging es in dem Vortrag um Theorien, die in den Sozialwissenschaften angewandt wurden. Er war – so fand ich – für die Vorstellung an einer Pädagogischen Hochschule nicht besonders geeignet, weil er eben sehr theoretisch war und Pädagogische Hochschulen im Allgemeinen sehr praxisorientiert sind. Diesen Lehrstuhl habe ich letztlich nur ergattert, weil ich aus bestimmten Gründen, von denen ich noch erzählen werde, unerhört furchtlos in diese Vorstellung ging. Wenn ich gewusst hätte, was mir dort alles bevorstand, hätte ich wohl nicht um diesen Lehrstuhl gekämpft. Ich musste nämlich nicht nur einen Vortrag, sondern auch noch ein Seminar mit mir völlig unbekannten Studenten halten sowie eine Lehrprobe in der Fürstenbergschule geben. Auf dies alles war ich natürlich nicht vorbereitet. Die Lehrprobe ging noch ganz gut, weil ich mich an die unglücklichen Referendare in meiner Schulzeit erinnerte. Damals kam es für diese darauf an, den Unterricht möglichst spannend zu gestalten, damit wir Schulkinder vergaßen, auf welche Weise wir die armen Referendare quälen konnten, damit sie zum Schluss weinten. Ich war fest entschlossen, nicht zum Weinen gebracht zu werden, und machte es also spannend. Ich brachte eine Geschichtsstunde über Heinrich I im Mittelalter hinter mich (der Stoff war mir vorgegeben), in der ich den Kindern (das bekannte Lied zugrunde gelegt) in allen Farben ausmalte, wie „Herr Heinrich am Vogelherd“ saß, wie er Vögel, die er fangen wollte, jagte und was der Kaiserthron bedeutete. Die Klasse war mucksmäuschenstill!

Das Seminar dagegen war eine Katastrophe. Ich weiß nicht mehr, um was es inhaltlich ging; ich weiß aber noch genau, dass die Studenten zunächst mauerten. Eine spätere Kollegin hat mich buchstäblich in letzter Minute gerettet: Sie stellte eine mehr oder weniger schlaue Frage und das Eis war gebrochen – die Studenten wachten auf.

Ich bin heute noch überzeugt, dass ich den Lehrstuhl nicht hätte erobern können, wenn mir nicht mein Kollege und späterer Freund damals erzählt hätte, dass ich diese Vorstellung als Übung für erfolgreichere Bewerbungen an anderen Unis ansehen solle, weil die PH bereits einen bestimmten Kollegen nach Münster abwerben wolle. Ich hätte also eigentlich gar keine Chance, diesen Lehrstuhl zu bekommen. Ich solle daher auch nicht enttäuscht sein, wenn er verloren ginge. Aber ich gewann diesen Zweikampf wider Erwarten und habe immer noch ein schlechtes Gewissen, wenn ich diesen bestimmten Kollegen irgendwo treffe, obwohl er sehr bald auch einen Ruf bekam.

In Münster wohnte ich sehr gern. Die ersten Jahre lebte ich in einer Wohnung, die leider keinen Garten für meine Hunde hatte. In der Nacht schliefen diese in einem Kinderbettchen in meinem Arbeitszimmer, damit sie nicht in mein Bett kamen, was sie zu gern getan hätten. Eines Tages kam mich ein Kollege besuchen, ich zeigte ihm die Wohnung und er entdeckte dabei auch das

Kinderbett für die Hunde. Es war unglaublich, wie schnell sich das Gerücht über mich und mein verschwiegenes uneheliches Kind verbreitete! Es war alles andere als einfach und es dauerte auch ziemlich lange, dieses wieder zu zerstreuen.

Ich glaubte in dieser Zeit, ich könne jetzt die Größe meines Käfigs endlich meinerseits bestimmen, wenn dieser auch bereits, im Vergleich zu anderen virtuellen und realen Käfigen, relativ geräumig war, was ich ja auch selbst so sah. Die Erfahrungen aus der Studienzeit und die Tätigkeiten bei meinen Professoren hatten mich – so hoffte ich jedenfalls – gelehrt, wie man mit jungen Kollegen umzugehen hat, bzw. wie junge

Kollegen sich den Umgang mit ihren Chefs wünschen. Insofern bedeutet dies auch, dass man als Chef bzw. Chefin Einfluss auf die Geräumigkeit der Käfige hat, in denen die Mitarbeiter sitzen, was diesen keineswegs immer bewusst ist.

Da es hinsichtlich der Lehre keinerlei Hilfen für Universitätsprofessoren gab, habe ich mein restliches Arbeitsleben vor allen Dingen damit verbracht, die Lehre an den Universitäten, d. h. im Wesentlichen meine eigene Lehrmethode, in einer Zeit zu verbessern, die im Zeichen voller Hörsäle und übervoller Seminare stand. Als ich schließlich emeritiert wurde, war ich gerade so weit, dass ich glaubte, nunmehr einen gangbaren Weg der Lehre an Universitäten gefunden zu haben. Im Gegensatz zu meinen Kollegen, deren Schwerpunkt meist in der Forschung lag, war für mich die Lehre ein besonderes Anliegen. Das war schon deshalb so, weil diese in den Universitäten ein mehr als kümmerliches Dasein führte. Noch als Studentin hatte ich an einer Studie über die Bedeutung der Lehre an deutschen Universitäten mitgearbeitet. Die Ergebnisse waren niederschmetternd.

Natürlich war ich in meinem Arbeitsleben mit Regeln konfrontiert, die ich zu beachten hatte, wollte ich nicht an die mir gesetzten Grenzen stoßen. Die meisten Schwierigkeiten ergaben sich für mich dabei hinsichtlich der Bürokratie. Hier gab es bestimmte Standards, die auf jeden Fall eingehalten werden mussten, ganz gleich, ob es sich beispielsweise um die Abrechnung von „Bagatellen“ oder um größere Summen z. B. für die Forschung handelte. Für mich war die Bürokratie immer schon ein (notwendiges) Übel, das ich niemals ganz ernst nehmen konnte. So ergab es sich ziemlich zu Anfang meiner Professorenlaufbahn, dass mir eine Bücherrechnung, die ich als sachlich richtig zu unterschreiben hatte, abhandengekommen war. Sie hätte mit meiner Unterschrift angewiesen werden müssen. Weil diese Rechnung wegen meines Verschuldens nicht rechtzeitig bezahlt wurde, entgingen der Universität die drei Prozent

Skonto (es waren keine vier DM!) und ich sollte sie nunmehr aus eigener Tasche bezahlen. Das fand ich in Ordnung und bot an, mir diesen Betrag vom nächsten Gehalt abzuziehen. Weil das offenbar nicht möglich war, habe ich rund ein halbes Jahr mit der Rechnungsstelle der Universität, dem Rektorat und schließlich mit dem Ministerium korrespondiert. Das Geld, das all die Briefe kosteten – mal ganz abgesehen vom Zeitaufwand – spielte keinerlei Rolle. Weil mir die Sache letztlich zu bunt wurde, rief ich in meiner Wut den Wissenschaftsminister von Nordrhein-Westfalen – das war damals Herr Rau – an. Die Vorzimmerdame war offensichtlich so überwältigt von all meinen Titeln (die mir im Übrigen im

Verlauf meines Lebens so manche Tür geöffnet haben), dass ich tatsächlich zum Minister vordrang und damit auch die Angelegenheit selbst beenden konnte.

Ein anderes Mal ging es um die Prämie, die man bekam, wenn man 25 Jahre im öffentlichen Dienst stand. Ich wurde also feierlich ins Rektorat beordert und bekam 250 DM und eine entsprechende Urkunde. Ich fand, dass es besser wäre, den sehr schlecht besoldeten Pförtnern, Boten und Vorlesungsbediensteten etwas mehr Prämie zu geben, und es für alle anderen bei der Urkunde und einem Blumenstrauß zu belassen. Im Übrigen fand ich, dass 250 DM albern sind. Ich sagte das auch prompt. Wenn man die

Bediensteten wirklich für ihre Dienste belohnen will, dann sind zehn DM für jedes Dienstjahr eine Beleidigung. Außerdem bekommt ja jedermann Gehalt, das eigentlich eine ausreichende „Belohnung“ für die geleistete Arbeit sein sollte. Mit diesen Bemerkungen bin ich in ein ziemlich großes Fettnäpfchen getreten. Die Universitätsbürokratie machte diese Dinge ganz automatisch und man konnte von ihr einfach keine Flexibilität verlangen. Ich musste in diesem Zusammenhang im Übrigen noch ein Formblatt als Empfangsbestätigung ausfüllen. Als Verwendungszweck schrieb ich „Frühstück mit Mitarbeitern“ hin – ich konnte mir das einfach nicht verkneifen – und hatte seit dieser Zeit immer wieder die kleinen Schikanen der Universitätsbürokratie zu spüren bekommen.

Ein gutes Beispiel für solche Schikanen war eine Dienstaufsichtsbeschwerde, die ich mir eingehandelt hatte, als ich – ohne dies extra angezeigt zu haben – meinen Mitarbeitern „hitzefrei" gab. Ich bin noch heute der Ansicht, dass dies eine vernünftige Maßnahme war und ist, weil niemand in unseren Breiten bei 30 Grad im Schatten und mehr wirklich arbeiten kann und im Übrigen die Arbeitsmoral eher steigt, schon, weil die Stimmung im Institut besser wird und im Gegenzug Überstunden ohne Schwierigkeiten abgeleistet werden können. Aber das war und ist meine Ansicht und nicht die Auffassung der Bürokratie. Diese fand nämlich, dass ich meine Kompetenz weit überschritten hätte, wenn ich von mir aus die Mitarbeiter nach Hause schickte. Sie war fassungslos über meine „Untreue“ und zeigte die Sache an. Bei der nachfolgenden Verhandlung habe ich mich insofern durchgesetzt, als meine „Tat“ nicht als unehrenhaft, sondern nur als „grober Unfug“ qualifiziert wurde.

Ich hatte Konventionen grundsätzlich – wie gesagt war das vor allem eine Folge meiner rigiden Erziehung – nicht gern. Es war zu Hause zu oft davon gesprochen worden, dass man dies oder jenes tun oder nicht tun sollte. Deswegen wünschte ich mir, dass alle Förmlichkeiten auf das unbedingt notwendige Maß heruntergeschraubt würden. Ich habe jede Gelegenheit dazu benützt, um meiner Ansicht nach unsinnige Bräuche zu verballhornen oder – wenn möglich – abzuschaffen. Im Fall der Talare habe ich ein deutliches Zeichen in diese Richtung gesetzt.

Zwar wurden sie schon damals nur noch bei feierlichen Anlässen getragen, was uns jüngeren Hochschullehrern allerdings mehr als genug war. Ich hatte also mit einer Kollegin gewettet, dass ich meinen Mops ungesehen bei der zu diesem Zeitpunkt stattfindenden, feierlichen Rektoratsübergabe in die Aula mitbringen würde. An diesem gewissen Tag nahm ich meinen Hund an eine ganz kurze Leine, sodass er sehr nah an meinem Bein laufen musste. Dann steckte ich ihn einfach unter den bodenlangen Talar und schritt zusammen mit den anderen Professoren feierlich durch die Aula auf eine Art Bühne. Dort nahmen wir Platz, um die Feierlichkeit an uns vorbeiziehen zu lassen. Plötzlich fing mein Nachbar fürchterlich an zu lachen, was er nur schwer verbergen konnte. Was war geschehen? Mein Unglückshund hatte sich in sein Schicksal gefügt und sich hingelegt. Leider hatte ich nicht an die Gefahr gedacht, die beim Hinlegen des Hundes evident war: das Ausstrecken des Schwanzes, das aus anatomischen Gründen notwendigerweise dazu führen musste, dass das Geheimnis auffliegen würde. Es flog – gottlob – nicht auf, weil mein Nachbar seinen Lachanfall beherrschen konnte. Ich weiß nicht genau, was mir im anderen Fall passiert wäre; jedenfalls wäre es mehr als unangenehm geworden, denn das war wirklich grober Unfug. Hier hatte ich tatsächlich die Grenzen überschritten, die einem Ordinarius und einem Beamten auf Lebenszeit gesetzt sind. Dieser Käfig, in dem ich mich tummelte, war ja im Vergleich zu anderen Lebenssituationen weiß Gott großzügig!

Diese Großzügigkeit habe ich natürlich in vielen Situationen gespürt. Sicherlich war der Beruf einer Hochschullehrerin schon deshalb für mich ideal, weil ein Hochschullehrer in vielen Dingen (in Forschung und Lehre) sein eigener Herr sein kann – ich also recht selbstständig arbeiten konnte. Daher waren meiner Fantasie und meinem Tatendrang relativ wenige Grenzen gesetzt.

In der Forschung habe ich mich in erster Linie mit Fragen der Sozialpolitik beschäftigt, was bedeutete, dass die entsprechenden Studien zwar meine „Schüler" schrieben, ich aber jede Menge Anträge an die Deutsche Forschungsgemeinschaft oder an eine der großen Stiftungen stellen musste. Das Schreiben von Anträgen machte bereits eine Menge Arbeit, weil diese den Forschungsgegenstand sehr genau und umfangreich darstellen mussten. Ich hoffe, die jungen Leute haben bei diesen Arbeiten all das gelernt, was man in Seminaren letzten Endes nicht ausreichend vermitteln kann: Raus aus dem Elfenbeinturm – mir war der Bezug zur Praxis immer sehr wichtig. Hier handelt es sich nämlich um ein Lerngebiet, das am besten durch „learning by doing" zu erschließen ist.

Ich selbst habe mich hauptsächlich mit politischer Psychologie beschäftigt, einem Gebiet der Politikwissenschaft, das heute noch ein ziemliches Dornröschendasein führt. Das aber – so meine ich – in absehbarer Zeit vermehrt von sich reden machen wird, zumal man die Fragen und Sachverhalte, mit denen sich die politische Psychologie beschäftigt, auch im nichtwissenschaftlichen Kontext immer wieder erörtert: Wie funktioniert Politik? Was sind die psychologischen Mechanismen, die der Macht zugrunde liegen und die der Motor sind für die unterschiedlichen politischen Handlungen und diese bestimmen? Warum hat Herr Barschel, trotzdem die Öffentlichkeit bereits nicht mehr zu täuschen war, noch sein „Ehrenwort" gegeben und warum hat Herr Filbinger nicht zu seiner Vergangenheit gestanden, sie stattdessen geleugnet?

Zwischen den Zeiten II

Als ich emeritiert war und keinerlei Pflichten mehr an der Universität erfüllen musste, wurde mein Käfig zunächst noch geräumiger. Auch die häuslichen Aufgaben, die in den letzten Jahren zugenommen hatten, weil meine Mutter nach dem Tod meines Stiefvaters bei mir lebte, waren nicht mehr so groß, nachdem sie gestorben war. Ich habe also allein mit meinen drei Hunden in dem von mir gemieteten kleinen Haus gelebt und konnte tun und lassen, was ich wollte, und auch dazu war ich nicht verpflichtet. Das war ungewohnt. Dann musste ich „mein Haus" allerdings schneller räumen, als mir lieb war: die Eigentümer hatten nämlich Eigenbedarf angemeldet.

Ich musste damals zähneknirschend einsehen, dass ich schließlich mein eigenes Haus auch gerne zurückbekommen hätte, wenn ich es brauchen würde. Ich selbst habe zwar nie ein Haus besessen, aber ich konnte mich trotzdem gut in meine Vermieter hineinversetzen. Ich glaube, diese Leute waren mehr als erstaunt über meine Haltung in dieser Angelegenheit. Es scheint mir aber, dass dies die einzig faire Einstellung ist. Außerdem hatte ich immerhin länger als 15 Jahre in Frieden mit meinen Vermietern gelebt und wollte diesen Zustand auf jeden Fall erhalten.

Dieses Haus hatte ich gemietet, als ich fünf Jahre in Münster war. Es wurde seinerzeit gerade völlig renoviert, sodass ich noch Einfluss auf sein Innenleben hatte nehmen können. Der Einzug war allerdings fürchterlich. Vor allen Dingen war die Elektrik in Unordnung geraten. Jedenfalls, immer wenn jemand an der Haustür klingelte, ging im Keller die Waschmaschine an und alle Helfer beschuldigten sich gegenseitig, die Waschmaschine angestellt zu haben.

Das Haus war eigentlich ideal für mich gewesen. Es hatte zwar nur eine winzige Küche und ein Bad, war also für eine Familie zu klein. Aber gottlob hatte es ein Gastzimmer mit einem winzigen Nebenraum, der nur durch dieses Zimmer zu erreichen war. Ich stellte in diesen Raum ein Bett und einen Schrank. Diese beiden Räume sind später zum Wohn- und Schlafzimmer meiner Mutter umfunktioniert worden. Ich konnte sie in ihren letzten Lebensjahren also aufnehmen, ohne dass ich mich hätte räumlich sehr einschränken müssen. Abgesehen davon, dass wir Küche und Bad gemeinsam hatten, konnte jeder für sich sein.

Meine Mutter war nach dem Tod meines Stiefvaters schon einige Jahre in den Wintermonaten in Münster gewesen, weil es in Spanien, wo meine Eltern lebten, nur eine provisorische Heizung mit Mandelschalen gab und sie das kalt und außerdem unbequem fand. Aber nach einigen Jahren, in denen sie im Sommer allein in dem Haus lebte, das ein Freund meines Stiefvaters den Eltern zur Verfügung gestellt hatte, konnte sie wegen ihres Alters nicht mehr allein leben. Sie fand daher meinen Vorschlag, nach Münster zu kommen, gut. Ich selbst hatte natürlich Angst davor, nicht mehr allein zu leben, was ich ja schon so lange getan hatte. Nun musste ich natürlich auf meine Mutter bestimmte Rücksichten nehmen. Das empfand ich als Einschränkung meiner Handlungsfreiheit, als Verengung des groß gewordenen Käfigs. Trotzdem habe ich gute Miene zum bösen Spiel gemacht. Es ging letztlich auch sehr gut. Wir haben uns all die Jahre, in denen sie bei mir lebte, eigentlich niemals wirklich gekracht. Ich hatte ihr gesagt, sie könne so viele Tiere haben, wie sie wolle, sie müsse sie aber selbst versorgen, da ich mich bereits um meine Hunde kümmern müsse und im Übrigen den ganzen Tag in der Uni sei.

Sie kam mit zwei Hunden und einem Papagei bei mir an und kaufte hier in Deutschland noch einen kleinen Yorkshire Terrier, ohne mit mir darüber gesprochen zu haben. Ich brachte es damals nicht übers Herz, ihn sofort zu seinem Züchter zurückzubringen. So lebten zeitweilig sechs Hunde und ein Papagei in meinem Haus. Bei aller Tierliebe – es war einfach zu viel. Kurz bevor sie starb, meinte meine Mutter, ich solle alle ihre Tiere entweder behalten oder einschläfern lassen. Das eine wollte, das andere konnte ich nicht. Gott sei Dank habe ich sie alle gut untergebracht. Ich hätte sonst wirklich nicht gewusst, was zu tun ist.

Meine Mutter war ziemlich schwierig, insbesondere hat sie nie gelernt, mit Geld umzugehen. Von dem Geld, das sie von einem Schwager geerbt hatte, kaufte sie sich beispielsweise einen Fotoapparat für Profis, weil sie einige Bilder von ihren Tieren machen wollte. Es war für mich dann sehr schwer, den Fotohändler davon zu überzeugen, dass man einer alten Dame einen so teuren Fotoapparat nicht so ohne weiteres verkauft. Meine Mutter sagte auf meine Vorhaltungen nur: „Wieso, das zahlt doch alles die Bank!“

Was Tiere anbetrifft, so war sie ziemlich neugierig. Als ich einen jungen Zwerggriffon aus Paris abholte und mein Zug um zwei Uhr in der Nacht in Münster ankam, holte sie mich bzw. den Hund am Bahnhof ab. Sie hatte noch als alte Dame eine so gute Figur, dass sie von einem Jüngling angequatscht wurde. „Mein Herr", antworte sie, „kommen Sie mal mit mir unter die nächste Laterne!" Ich wünschte, ich wäre genauso schlagfertig wie sie!

Als meine Mutter 85 Jahre alt wurde, habe ich für sie einen großen Empfang gegeben. Ich lud außer den noch lebenden Geschwistern und ihren Familien alle die Menschen ein, die ihr irgendwann über den Weg gelaufen waren. Natürlich sind keineswegs alle gekommen. Aber es waren immerhin rund 70 Personen. Und das alles in dem kleinen Haus!

Kaum einen Monat später wurde ich 60 Jahre alt. Es kamen einige meiner Kollegen und sonst noch Menschen, die meist etwas mit meinem Beruf zu tun hatten und die meine Mutter als uninteressant empfand. Also erschien sie einfach nicht. Für mich war dieser Boykott ziemlich unangenehm. Ich glaube, das war das einzige Mal, an dem eine ernsthafte Meinungsverschiedenheit zwischen uns bestand.

Mein Vermieter hatte seinerzeit die neue Situation, dass ich nicht mehr allein in dem

Haus lebte, mitgetragen. Er kam nur sehr selten und nur auf meine Aufforderung zu mir. Nur einmal im Jahr kam er mit vorheriger Anmeldung vorbei und brachte mir dann auch noch einen teuren Blumenstrauß mit. Meine Mutter und ich nannten diesen Besuch immer „die teuren Blumen“. Er brachte mir dann regelmäßig auch die Nebenkostenrechnung für das Haus mit, die von Jahr zu Jahr höher und höher wurde.

Ich habe keineswegs leichten Herzens dieses Haus aufgegeben, obwohl ich zum Schluss mit dem Vermieter doch noch ein bisschen Ärger hatte. Er war nämlich mehr als pingelig in Bezug auf die Abwicklung des Mietvertrages. Ich weiß es nicht mehr genau, aber die letzten Tage im Haus waren ungemütlich und das nicht nur, weil schon viele Dinge eingepackt waren.

Ich selbst hatte mich schon längere Zeit entschieden, mir keine eigene Wohnung mehr zu mieten, sondern gleich in ein Altenwohnheim zu ziehen. Erstens war das Haus, in das ich ziehen wollte, gerade fertig geworden und entsprach sowohl was den Standort als auch was seine Ausstattung anbetraf meinen Vorstellungen. Zweitens konnte ich dort mit meinen drei Hunden (Tabou, OK und Ahoi) einziehen und drittens ersparte ich mir so einen weiteren Umzug. Meine Freunde waren teilweise zwar entsetzt, ich selbst habe diese Entscheidung aber niemals bereut.

In dieser Zeit hatte ich relativ viele Gäste, zumal ich ja – und das war ungewohnt – am Abend nicht mehr arbeiten musste. Ich hatte Arbeit und Stress so verinnerlicht, dass mir das Nicht-Arbeiten-Müssen fast wie eine Bedrohung vorkam. Allerdings fand ich gottlob auch recht schnell ein neues Arbeitsfeld für mich, weil die „Entzugserscheinungen" mir sonst Angst gemacht hätten. Schließlich hatte ich mein ganzes Leben lang gekämpft, nicht, um nunmehr – am Ende meines Lebens – kampflos, d. h. für mich arbeitslos, das Feld zu räumen. Ich versuchte also, meine Erfahrungen, die ich in den verschiedenen Universitäten gesammelt hatte, in Form einer Karriereberatung an junge Akademiker (Studenten und

Assistenten) weiterzugeben. Meine eigenen Erfahrungen haben mich gelehrt, dass man „den langen Weg durch die Institutionen" der Universitäten verkürzen kann, wenn man den Rat eines alten Fuchses sucht. Das taten relativ viele Leute, sodass ich in den nächsten Jahren noch gut zu tun hatte.

Lebenslänglich

Die schöne Zeit hatte ziemlich plötzlich ein Ende, obwohl ich diese Tatsache sehr lange nicht wahrhaben wollte. Ich weiß wirklich nicht genau, welche Krankheit mich letzten Endes zur Strecke gebracht hat. Aber es waren viele. Ich landete jedenfalls nach einigen Jahren Kampf mit meinem Körper auf der Pflegestation des Altenheimes, in dem ich schon so lange lebte und all die Jahre auch sehr zufrieden gewesen war. Das bedeutete zunächst, dass mein Käfig sehr eng wurde.

Diese Pflegestation heißt hier offiziell „Pflege-Wohnbereich". Sie beherbergt rund 40 Menschen, von denen allerdings viele überhaupt nicht gesehen werden, weil sie bettlägerig oder vollkommen in sich versunken sind. Ich selbst wohne in einem der schönsten Zimmer der ganzen Station und bin zum Frühstück und zum Mittagessen im Allgemeinen unten im großen Speiseraum, in dem ich die ganzen Jahre gegessen habe. Da ich mich in der Mittagszeit gerne eine Stunde hinlege, esse ich um zwölf oder um ein Uhr – je nachdem, ob ich am Nachmittag noch irgendwelche Termine habe – und zwar immer noch an demselben Tisch, an den ich 1993 gesetzt worden bin. Natürlich haben meine „Tischnachbarn" bereits mehrmals gewechselt, teilweise, weil sie sich an andere Tische haben setzen lassen, teilweise auch, weil sie verstorben sind. Diese täglichen Ausflüge in die Welt der „normalen“ Heimbewohner ist für mich ungemein wichtig, halte ich doch auf diese Weise erstens meine alten Kontakte mit Heimbewohnern, die ich schon lange kenne, aufrecht und zweitens ergibt sich aus diesen täglichen „Reisen“ ein bisschen das Gefühl der Selbstständigkeit, das ich so sehr brauche, um hier überhaupt existieren zu können.

Meine Ungeduld war in meinem bisherigen Leben immer eine Achillesferse und natürlich muss ich jetzt endlich lernen, geduldiger zu werden, denn Geduld ist jetzt und hier lebensnotwendig. Eigentlich ist gegen den Pflege-Wohnbereich überhaupt nichts einzuwenden. Aber wie überall gibt es bei uns zu wenige Schwestern und Pfleger und das Warten bleibt schon deshalb nicht aus. Aber daran gewöhnt man sich bzw. man muss sich daran gewöhnen, will man nicht an der täglichen Warterei verzweifeln.

Das ist natürlich besonders schlimm, wenn man – wie ich – sehr viel von Pünktlichkeit hält. Da ich niemals weiß, wann eine Schwester kommt, wenn ich geklingelt habe, klingele ich meistens zu früh, damit ich auf jeden Fall pünktlich bin, wenn ich mich mit jemandem treffe. Ich benötige z. B. Hilfe beim Anziehen einer Jacke oder eines Mantels, da ich mich sehr schlecht bewegen kann, und das nimmt wiederum Zeit in Anspruch.

Natürlich sind solche Verabredungen Highlights in meinem Leben auf dieser Station. Zwar sind sie eigentlich etwas, das ich mein ganzes Leben lang gepflegt habe, hier sind sie aber eben etwas ganz Besonderes, vielleicht deshalb, weil sie selten ganz spontan erfolgen können.

Hilfen im täglichen Leben werden hier zwar groß geschrieben, für mich sind sie aber mehr als problematisch. Ich brauche für alles und jedes Hilfe. Das ist ein Zustand, den ich meinen schlimmsten Feinden nicht wünsche. Besonders für jemanden, der wie ich immer in seinem Leben selbstständig gewesen ist und der noch dazu immer sehr viel Wert auf seine Selbstständigkeit gelegt hat, ist es furchtbar, wegen der einfachsten Dinge um Hilfe zu bitten. Ich versuche deshalb, jeden möglichen Gegenstand in meiner Wohnung an mich bringen zu können. Dabei ist mein kleiner Zimmerrollstuhl zusammen mit einem Greifarm sehr hilfreich, wenn es auch nicht in allen Fällen gelingt. Es ist aber – immerhin – ein kleiner Versuch, die Unselbstständigkeit wenigstens ein wenig abzuschwächen.

Ein weiteres Betätigungsfeld, das ich noch habe, sind die beiden Wellensittiche, die ich mir mangels der Möglichkeit, eine Katze zu halten, zulegen konnte. Ich hatte ja mein ganzes Leben Hunde und zum Schluss – als ich keine Hunde mehr artgerecht halten konnte – einen Graupapagei (Matscho), später dann noch zwei Nymphensittiche, die frei in meinem Wohnzimmer herumfliegen durften. Hier, auf der Pflegestation, kann ich aber nur noch Vögel halten, die im Käfig bleiben. Das konnte ich seinerzeit dem armen „Matscho“ und auch den beiden Nymphensittichen nicht antun und verschenkte sie Menschen, bei denen sie es wirklich gut haben und fast den ganzen Tag außerhalb ihres Käfigs sein dürfen.

Wie bereits erwähnt, habe ich also einen möglichst große Käfig gekauft, in dem meine beiden Wellensittiche Max und Moritz, die mir auch schon wieder ans Herz gewachsen sind, auch ein bisschen fliegen können.

Sie waren, als ich sie bekam, gerade so weit, dass sie allein fressen konnten. Indessen sind sie ausgewachsen und ich konnte ihnen beibringen, dass sie auf meinen Finger kommen. Mein Ehrgeiz geht nun dahin, sie auch sprechen zu lehren, denn – leider – ist es mir – wie erwähnt – untersagt, sie aus ihrem Käfig herauszulassen. Ich würde es so gerne tun, aber ich sehe ein, dass das auf einer Pflegestation eben nicht geht. Trotzdem, ganz ohne Tiere wäre das Leben noch viel grauer, als es auch so schon ist. Ich hoffe sehr, dass ich es noch erlebe, dass beide Vögel sprechen. Ich glaube es allerdings nicht, weil sie – ihrer Art gemäß – zu zweit sind und sich in ihrer Vogelsprache bestens unterhalten.

Meine Hauptbeschäftigung ist aber, meine Stiftung voranzutreiben, die ich 2003 gegründet habe und deren 1. Vorsitzende ich bin. Ich habe sie mit dem Geld gegründet, das ich seinerzeit in Gießen „nebenbei“ verdiente. Sie ist eine Stiftung zur Betreuung altersverwirrter Menschen und möchte auf lange Sicht Wohngruppen für diesen Personenkreis anbieten. Leider war es nur sehr wenig Geld, das ich vor Jahren in meinen Sparstrumpf stecken konnte, aber es hat doch einiges an Zinsen gebracht, wenn es der Stiftung auch sehr gut bekommen würde, etwas mehr Geld zu haben.

Insgesamt gesehen ist die Stiftung für mich wie ein Kind, das den Kinderschuhen noch nicht entwachsen ist. Ich würde sehr gerne erleben, dass sie wirklich das machen kann, wozu sie angetreten ist. Ich glaube nämlich, dass man in den meisten Einrichtungen, die wir heute kennen, zwar den guten Willen, nicht aber das Know How hat, um dementen Menschen gerecht zu werden.

Doch bevor das große Ziel, ein Haus mit Wohngruppen für Demenzkranke aufzubauen und zu finanzieren, erreicht wird, gibt es noch sehr viele Dinge, die getan werden können. Und daraus ergeben sich meine Tätigkeitsfelder. Mit Hilfe und Unterstützung kümmere ich mich um die Öffentlichkeitsarbeit. Ich nutze meine Kontakte und entwickle neue Ideen, um auf die

Stiftung aufmerksam zu machen. Des Weiteren organisiere ich auch ganz konkrete Projekte für demenzkranke Menschen, beispielsweise Sing- und Spielnachmittage. Um meine Aufgaben wahrnehmen zu können und da man heutzutage ohne dieses Medium nicht mehr auskommt, lerne ich, mit dem Computer umzugehen.

In weiser Voraussicht habe ich mich nämlich noch aufgerafft, mir ein Notebook zuzulegen. Das tue ich allerdings noch aus einem weiteren Grund: Die Arbeit mit dem Computer und damit auch der „Kampf mit seinen Eigenheiten" hält mich vom Grübeln ab, das ich unweigerlich tue, wenn ich nicht aufpasse. Das Grübeln ist so ziemlich das Gefährlichste, was mir hier überhaupt passieren kann: Es dreht sich immer um die Frage, wie lange ich noch zu leben habe. Einerseits wünsche ich, dass es nicht mehr allzu lange dauert, weil das Leben jetzt eigentlich für mich ziemlich unerträglich ist. Andererseits bin ich immer noch neugierig, was in der Welt, in dem mir bekannten Umfeld und in meinem Freundeskreis geschieht. Je nach meiner körperlichen Verfassung neige ich zu der einen oder der anderen Seite.

Wie wichtig meine Arbeit für mich ist, zeigt mein Tagesablauf. Der Tag und auch die Nacht sind durch sie geprägt, eine Tatsache, die die Schwestern hier offensichtlich noch nicht erlebt haben. Den Tag verbringe ich

– wenn ich keinen Besuch habe – eigentlich immer am Computer. Teilweise lerne ich die Funktionen des Computers kennen, teilweise wird die Arbeit der Stiftung vorangetrieben und teilweise schreibe ich für die hiesige Hauszeitschrift mehr oder weniger geistreiche Aufsätze. In der Nacht benutze ich mein Notebook als eine Art Schlafmittel. Hier gibt es zwischen 17 und 18 Uhr Abendbrot. Anschließend sind die Schwestern froh, wenn man sich schnell ins Bett bringen lässt. Ich tue das, schon, weil ich dann genug vom Immer-im-Rollstuhl-Sitzen-Müssen habe. Bis gegen Mitternacht liege ich dann dösend und über dem laufenden Fernsehprogramm meist einnickend im Bett. Dann aber war ich früher hellwach und musste den Rest der Nacht bis mindestens sieben Uhr wach liegen. Ich erinnere mich dabei daran, dass ich früher in solchen Fällen aufgestanden bin und irgendetwas getan habe. Das ist nun nicht mehr möglich, da ich nicht alleine aus dem Bett komme. Ein Nachtpfleger brachte mich auf die Idee, meine Tätigkeit einfach in der Nacht fortzusetzen. Seitdem habe ich mir angewöhnt, mir auch in der Nacht mein Notebook ans Bett holen zu lassen und drei bis vier Stunden zu arbeiten oder Karten zu spielen. Anschließend kann ich dann herrlich schlafen. Das ist eine große Erleichterung und ich hoffe, dass ich dieses „Schlafmittel“ beibehalten kann.

Ansonsten frage ich mich manchmal, ob ich hier eigentlich am richtigen Platz bin. Diese Frage kommt auf, weil ich immer wieder – ob ich das will oder nicht – aus der Reihe tanze. Auch hier in diesem Pflege-Wohnbereich. Allein die Tatsache, dass ich noch die Organisation und Öffentlichkeitsarbeit meiner Stiftung erledige und in diesem Zusammenhang auch hier und da noch ein Termin anfällt oder ein Gespräch stattfinden muss, ist für diese Station einfach ungewöhnlich. Das bedeutet keineswegs, dass der Tagesablauf auf der Pflegestation hier unangemessen ist, sondern nur, dass er nicht unbedingt Aktivitäten fördert, die eigentlich in die Arbeitswelt gehören.

Die Lage, in der ich mich heute befinde, ist wirklich nicht zum Lachen. Ich müsste zwar eigentlich noch dafür dankbar sein, dass es mir im Vergleich zu anderen Bewohnern des Pflege-Wohnbereiches noch relativ gut geht. Ich kann immerhin noch stehen und sogar einige Schritte – allerdings mit Hilfe – gehen. Ich kann – und das ist auf der Pflegestation nur selten der Fall – meinen Kopf noch ziemlich gut gebrauchen. Das hat natürlich den Nachteil, dass ich auch im täglichen Leben immer wieder über meine fehlende Perspektive nachdenke, wodurch ich bestimmt nicht fröhlicher werde. Überhaupt – der Optimismus, der mich mein Leben lang begleitet hat und ohne den ich das Leben niemals hätte durchstehen können, ist leider wie weggeblasen. So bleibt mir nichts anderes übrig, als über den Tod nachzudenken, was ich eigentlich immer tue, es sei denn, ich arbeite, und das geschieht meist ohne „Rücksicht auf Verluste".

Über den Tod nachzudenken ist eine Sache, die keineswegs auf das Ende des Lebens beschränkt ist. Nur, während des Lebens sind alle Überlegungen in diese Richtung mehr oder weniger hypothetisch. Man spricht zwar gelegentlich über den Tod, ohne sich aber wirklich klar zu machen, dass er buchstäblich jeden Moment eintreten kann. Deswegen sind die Voraussetzungen für alle Menschen eigentlich gleich, denn auch der gesündeste Mensch kann in der nächsten Minute tot umfallen (das nenne ich einen „Luxustod“).

In meiner Lage haben die entsprechenden Gedanken eine andere und neue Qualität: Sie sind außerordentlich real geworden. Zwar bin ich eigentlich sehr neugierig darauf, was sich nach dem Tod wirklich ereignet. Ich bin mir sogar ziemlich sicher, dass irgendetwas passieren wird. Auf der anderen Seite würde ich gern noch erleben, was so in der Welt vor sich geht und – nicht zuletzt – möchte ich natürlich wissen, wie es mit der Stiftung weitergeht.

Ich suche jetzt verstärkt einen Nachfolger für mich, um ihn oder sie, denn es kann natürlich auch wieder eine Frau sein, noch einarbeiten zu können. Diesen Menschen ausfindig zu machen ist mir bisher nicht gelungen. Trotzdem habe ich die Hoffnung noch nicht ganz aufgegeben; es muss mir einfach jemand über den Weg laufen, der unabhängig und an der Sache selbst interessiert ist und der – möglichst – von der Materie etwas versteht.

Die Frage, ob der Tod mein Freund ist, habe ich mir in den letzten Tagen und Wochen häufig gestellt. Nur, einen Freund lässt man eigentlich nicht so lange warten. Ich finde, die Quälerei müsste jetzt endlich ein Ende haben; ich weiß ja längst, dass es kein Zurück mehr geben kann. Ich sitze wie in einem Kokon, in dem man sich ja bekanntlich nicht rühren kann. Nur, dieser Vergleich hinkt, wie eigentlich jeder Vergleich. Die Zeit des Insektes im Kokon ist – und das haben wir bereits im Biologieunterricht gelernt – begrenzt; ich hingegen bin „verurteilt" zu ziemlich bewegungslosem Abwarten und das lebenslänglich. Da helfen kein großes Zimmer oder besonders nette Schwestern und auch die Freunde, die sich alle Mühe geben, mir das tägliche Leben zu erleichtern, können letztlich nichts ausrichten. Mir tut gerade meine Haltung den Freunden gegenüber fürchterlich leid. Sie geben sich wirklich alle Mühe, mich aus meinem Tief herauszureißen, indem sie mich zum Spazierengehen oder ins Kino und dergleichen mitnehmen. Das alles hilft überhaupt nichts: Ich bin und bleibe leider Gottes jemand, an dem alle diese Bemühungen abprallen.

Das Einzige, was mir bleibt, ist, die letzte Strecke meines Lebens mit einigermaßen guter Haltung zurückzulegen. Ich weiß natürlich nicht, wie lange es noch dauern wird, ich weiß aber, dass nichts in dieser Welt umsonst ist. Dieses Wissen lässt mich hoffen, dass die Quälerei, die ich zurzeit durchlebe, einen Sinn hat. Diesen Sinn zu ermitteln, dürfte die letzte, die allerletzte Aufgabe sein, die ich hier und jetzt zu lösen habe.

Lebensgitter